Gottesdienste mit Psalmmeditationen I

Advent bis Pfingsten

Klaus von Mering

Vandenhoeck & Ruprecht

Meinen Enkeln

David, Jonathan, Caroline,
Tobias, Laura, Rebecca, Alexander

Bibliografische Information der Deutschen Nationalbibliothek

Die Deutsche Nationalbibliothek verzeichnet diese Publikation in der Deutschen Nationalbibliografie; detaillierte bibliografische Daten sind im Internet über <http://dnb.d-nb.de> abrufbar.

ISBN 978-3-525-59524-4

Umschlagabbildung: vier jahreszeiten, sommer, 1997,
Quelle: http://www.mause-arbeiten.de/

Internet: www.v-r.de

Printed in Germany.
Satz: weckner media+print GmbH, Göttingen
Druck und Bindung: ⊕ Hubert & Co, Göttingen

Gedruckt auf alterungsbeständigem Papier.

Inhalt

Einleitung

Die Psalmen sind seit Alters fester Bestandteil christlicher Gottesdienste. Als *Introitus* führen sie gleich nach der Eröffnung in das jeweilige Gottesdienstthema ein. Die Väter und Mütter unseres Glaubens wussten, dass man mit dem Gottesdienst nicht *einfach anfangen* kann, dass es dazu einen Übergang braucht vom Leben im Alltag zum Erleben Gottes in seinem Wort. Aber: Vermögen die Psalmen das noch zu leisten, so wie sie heute meist vorgelesen oder im Wechsel abgelesen werden?

Ich habe da seit langem meine Zweifel. Von wenigen bekannten Psalmtexten abgesehen erreichen die meisten nach meiner Erfahrung Verstand und Herz der Gottesdienstteilnehmer nur noch mühsam oder gar nicht mehr. Ich habe deshalb versucht, bei der Vorbereitung des Gottesdienstes so lange in den vorgesehenen Psalm hineinzuhorchen, bis er mir für die von Lesungen, Wochenspruch und -lied angeschlagene Thematik des Sonntags durchscheinend zu werden begann. Und was sich da an Gedanken und Bildern einstellte, habe ich aufgeschrieben und diese Skizze dann zu Beginn des Gottesdienstes, als Introitus, meditierend am Altar vorgetragen.

Daraus sind im Laufe der Jahre die hier zusammengetragenen Psalmmeditationen geworden. Der originale Ort dieser *Nachdichtungen* ist also der agendarische Gottesdienst der Gemeinde am Sonntag (bzw. Festtag). Je nach ortsüblicher Ordnung können sie wie die biblischen Psalmen von einer Stimme oder im Wechsel gelesen und mit dem gesungenen „Ehr sei dem Vater" abgeschlossen werden. Zu vielen Sonn- und Festtagen werden zwei verschiedene Meditationen angeboten. Kriterium für die Wahl sollten neben persönlichem Geschmack die inhaltlichen Akzente sein, die der jeweilige Predigttext setzt.

Dass ich diesem meditierenden Durchdenken eines Psalms und der durch ihn eingeleiteten Sonntagsthematik noch ein kurzes Gebet folgen lasse, entspricht sowohl innerer Logik wie dem liturgischen Ablauf des Gottesdienstes: Das „Kollektengebet" *sammelt,* wie der Name sagt, die wichtigsten Stichworte des Gottesdienstes ein, noch ehe aus der Bibel die *Epistel* und/oder das *Evangelium* vorgelesen werden. Wie SängerInnen sich durch Atem- und Tonübungen darauf vorbereiten, das ganze Volumen ihrer Stimme zum Einsatz zu bringen, so sollen die TeilnehmerInnen des Gottesdienstes sich betend darin üben, das Volumen ihres Hörens und Glaubens für Gottes Wort zu erweitern.

Durch die langjährige Zwiesprache dieser Psalmmeditationen mit den biblischen Themen des kompletten Kirchenjahres haben sie nun allerdings ihrerseits soviel geistliche Impulse in sich aufgenommen, dass sie auch außerhalb des Gemeindegottesdienstes durchaus gute Dienste bei der Vermittlung von Glaubenswahrheiten leisten können. Schließlich ist der Psalter sowohl im Judentum wie in der Christenheit die Gebetssammlung, die wie keine andere die ganze Tiefe dessen auslotet, was das Reden des Menschen mit Gott ausmacht. Mögliche Gelegenheiten sind z.B. die Verwendung

- als kurzer geistlicher Gedankenanstoß zu Beginn oder am Ende des Tages, zur Eröffnung einer Sitzung, einer Gruppenveranstaltung o.ä. Dabei mag das spezielle Schlagwortregister im Anhang helfen, den passenden Text auszuwählen;
- als gedanklicher Einstieg in eine Predigt oder Andacht zu den verschiedensten Anlässen und Themen;
- als Hilfe für das persönliche Gebet, das ja oft genug von der Erfahrung begleitet wird, „dass der Himmel meiner Gebete leer ist“ (S. 89).

Um diesen Vermittlungsdienst zu erleichtern und zu erweitern, wurde hier um die jeweilige Psalmmeditation herum das Grundgerüst eines Gottesdienstes bzw. einer liturgisch schlichten Andacht aufgebaut. Von der Eröffnung mit Hilfe des Wochenspruchs über die Auswahl passender Lieder und Gebete bis zu einer biblischen Lesung und dazugehörigen „Impulsen zum Weiterdenken“ wurde für jeden Sonn- oder Festtag des Kirchenjahres zwischen 1. Advent und Pfingstmontag alles zusammengetragen, was man für die Vorbereitung eines Gottesdienstes benötigt. So sollen nicht nur Pfarrerinnen und Pfarrer, sondern auch engagierte kirchliche MitarbeiterInnen in die Lage versetzt werden, rasch und ohne den Umweg über eine umfangreiche theologische Bibliothek die wesentlichen Bestandteile eines christlichen Gottesdienstes in die Hand zu nehmen.

Die Sonntagstexte der zweiten Hälfte des Kirchenjahres einschließlich einer Reihe von weiteren Festtagen (Erntedank, Reformation, Michaelis, Kirchweih u.a.) werden in gleicher Weise in einem 2. Band in dieser Reihe erscheinen.

Rastede, im September 2007

Klaus von Mering

1. Sonntag im Advent

Mit dem Licht in der Hand

Eingangswort

Gott kündigt erneut sein Kommen an. Wie der Herold den König ansagt. „Siehe, dein König kommt zu dir, ein Gerechter und ein Helfer" (Sach 9,9), sagt der Wochenspruch. Sind wir vorbereitet?

LIED

Macht hoch die Tür (EG 1)

PSALM

Machet die Tore weit und die Türen in der Welt hoch,
dass der König der Ehren einziehe!

Die Erde gehört dem Herrn mit all ihrem Reichtum.
Nichts gehört dem Teufel, und uns gehört auch nichts.
Wer hat dann ein Recht, vor Gott zu treten ?
Und wer darf hoffen, vor ihm zu bestehen?
Wer bereit ist, die leeren Hände zu öffnen,
und sich nicht mehr zutraut, als er durchhalten kann.
Denn in solche Hände kann Gott Glück legen,
und solche Menschen werden miteinander Frieden finden.
Macht die Tür nicht zu klein für den, der da kommt!
Reißt nieder die Mauern, die ihm im Weg sind!
Wer ist der, der dazu den Mut gibt?
Es ist der Herr, stark durch Ohnmacht,
der Herr, mächtig im Leid!
Macht die Tür nicht zu klein für den, der da kommt!
Es ist der Herr der Welt, den die Krippe erwartet.

Machet die Tore weit und die Türen in der Welt hoch,
dass der König der Ehren einziehe! (nach Ps 24)

Gebet

Herr, du erlaubst uns, ein Licht anzuzünden in dieser beginnenden Adventszeit. Hilf, dass uns selbst in dieser Zeit ein Licht aufgeht von deinem Kommen, damit der Krampf in unserm Herzen sich löst, den die Sorge um die Zukunft hervorruft. Und hilf zugleich, dass wir für andere zu diesem Licht werden, das die trübe Düsternis ihres Lebens aufhellt durch das Zeugnis von unserm Herrn Jesus Christus, der mit dir in der Einheit des Heiligen Geistes lebt und herrscht in Ewigkeit.

LIED

Nun komm, der Heiden Heiland (EG 4)

LESUNG

Mt 21,1–9 Der Einzug Jesu in Jerusalem

LIED

Dein König kommt in niedern Hüllen (EG 14)

Impulse zum Weiterdenken

Mauern haben – wer wüsste das besser als wir Deutschen! – eine doppelte Wirkung: Sie schützen die drinnen vor andringenden Gefahren. Oder sie sperren ein, setzen gefangen, verhindern den Ausblick. Nicht selten wird das eine erstrebt und das andere ungewollt bewirkt. Wer Angst hat, kennt das: Man fürchtet sich und sucht vor etwas Schutz. Und am Ende sieht man nichts mehr als die eigene Angst.

Ich lese den alten Wallfahrtspsalm Israels so, dass er uns aufruft, unsere Türen aufzureißen, vielleicht im ganz wörtlichen Sinn aufzubrechen, damit der kommende König uns befreien kann. Das könnte missverstanden werden im Sinne der „Werkerei" (Luther), als müssten wir die Voraussetzung schaffen, dass es bei uns Advent werden kann. Um das zu verhindern, gilt es, genau zu erkennen, wer der kommende König ist: Er sitzt auf einem Esel, er ist „stark durch Ohnmacht", „mächtig im Leid", das „Lamm", das durch seinen Tod Versöhnung und Gerechtigkeit bewirkt.

Das Symbol des Advents ist die Kerze: Sie macht nicht alles strahlend hell wie ein Scheinwerfer, der durch seine Blendwirkung kein „Entgegenkommen" duldet, sondern nur sklavische Gefolgschaft kennt. Die Kerze gibt Orientierung und lädt dazu ein, vorsichtig tastend von allen Seiten auf sie zuzugehen und im um sie gebildeten Kreis Gemeinschaft zu erfahren.

LIED

Der Eselsreiter, seht, der Eselsreiter (EG HN 547) oder
Wie soll ich dich empfangen (EG 11)

Fürbitten

Wir möchten, dass die Tore dieser Welt weit offen stehen für dein Kommen, Gott. Das geht nicht nur unsere Herzen an, auch unsere Hände. Auch die Türen unserer Häuser und Kirchen sind noch längst nicht offen genug für dich; denn das sind sie nur, wenn alle Menschen die Möglichkeit haben, sie zu durchschreiten. Hilf uns, auch die Türen zu Informationen und Bildungschancen zu öffnen. Wie viele Menschen erhalten nicht, was ihnen zusteht, nur weil sie es nicht wissen oder nicht in der Lage sind, die komplizierten Formulare auszufüllen, die unsere Ämter sich ausgedacht haben, damit alles gerecht zugeht. Öffne die Tore, die Menschen im Streit verschlossen haben oder aus Angst, etwas zu verlieren – und nun finden sie nicht einmal mehr zu sich selbst. Wir möchten dir die Ehre geben. Niemand soll daran gehindert werden, dich zu empfangen und an der Freude teilzuhaben, die du in die Welt bringst.

2. Advent

Nach Gott ausschauen

Eingangswort

„Lasst eure Lenden umgürtet sein und eure Lichter brennen“ (Lk 12,35), mahnt uns der Wochenspruch zum 2. Advent. Wir können von Jesus nur reden, indem wir uns erinnern. Aber wir reden auch nur recht von ihm, wenn wir unsern Blick nach vorn richten und darauf sehen, wo sein Kommen nötig und möglich ist.

LIED

O Heiland, reiß die Himmel auf (EG 7)

PSALM

Gebannt in den Teufelskreis von Bosheit, Leiden und Verzweiflung,
schauen wir aus nach dem Kommen des Erlösers.

Die Welt, die wir uns bauen wollten, ist zerbrochen.
Trümmer zeichnen die Stätte unserer gut gemeinten Versuche.
Willst du, dass wir an unsern Misserfolgen zerbrechen?
Sollen wir verzichten auf Gerechtigkeit und Frieden,
weil beides uns nicht gelingt?
Herr, sieh doch, wie die Menschen guten Willens ermüden,
wie die Arme deiner Kirche vor Überanstrengung erlahmen!
Komm uns mit deiner Kraft zu Hilfe,
richte wieder auf, was nieder gebrochen ist!
Nieder getreten sind die Zäune,
die das Gute vom Bösen abgrenzen und die Wahrheit von der Lüge.
Jeder nimmt sich, was er brauchen kann,
und was Erfolg bringt, ist auch erlaubt.
Du allein kannst uns retten;
denn du allein bist der Maßstab, der Gutes als gut
und Wahres als wahr erkennen lässt.

Gebannt in den Teufelskreis von Bosheit, Leiden und Verzweiflung,
schauen wir aus nach dem Kommen des Erlösers.
(nach Ps 80)

Gebet

Herr, man muss nicht blind sein, um dich nicht zu sehen. Man braucht nur zu schlafen. Weck uns auf, dass wir mit wachen Sinnen auf die Zeichen achten, die deine Ankunft unter uns ankündigen. Für den einen mag sich eine Hoffnung ganz anders erfüllen, als er es erwartete. Der andere entdeckt vielleicht eine unvermutete Kraft, Schweres zu ertragen, und ist damit schon auf dem Weg nach Bethlehem, wo du in Ohnmacht und Armut geboren wirst, um den ganz nahe zu uns zu bringen, der lebt und regiert von Ewigkeit zu Ewigkeit.

oder

PSALM

Gott wird den Erdkreis richten mit Gerechtigkeit und die Völker mit seiner Wahrheit.

Von Gott verlassen erscheint mir mitunter mein Leben,
leer verstreichen die Stunden tagaus, tagein.
Alle meine Anstrengungen kommen mir sinnlos vor,
wertlos, worauf ich noch gestern stolz war.
Der Weg in die Zukunft verliert sich im Dunkeln,
und drohend hängt die Verzweiflung über mir.
Darum komm uns zu Hilfe, Herr, in unserer Beziehungslosigkeit,
gib Halt der Hand, die mit schwindender Kraft nach Leben tastet.
Deine Nähe erfüllt unser Dasein mit Sinn und Hoffnung,
und dein Erbarmen vertreibt die Angst, die uns frösteln macht.
Das Vertrauen, dass du uns siehst, hilft uns, umzukehren,
und deine Zuwendung lässt uns von Schuld und Tod genesen.

Gott wird den Erdkreis richten mit Gerechtigkeit und die Völker mit seiner Wahrheit
(nach Ps 80)

Gebet

Lieber Herr und Gott, in einer Welt, die immer wieder ihrem Tod nachsteigen möchte, gib uns offene Augen für die Spuren deines Lebens. Befreie uns von den Alpträumen, die Wahn und Wirklichkeit in einander schwimmen lassen, und schenke uns mit deinem Wort den Mut, uns mit unsern Abgründen anzunehmen, indem wir dein Kommen „ins Unten“ ernst nehmen. Durch unsern Herrn Jesus Christus …

LIED

Ihr lieben Christen, freut euch nun (EG 6)

Lesung

Lk 12,35–38(39–40) Seid bereit, den Herrn zu empfangen
oder
Lk 21,25–33 Die Vorzeichen der Ankunft des Menschensohns

Lied

Wir erwarten einen neuen Himmel (Kanon aus: Mein Kanonbuch, tvd, Düsseldorf 1985, Nr. 454) oder
Das Volk, das noch im Finstern wandelt (EG 20)

Impulse zum Weiterdenken

Der 2. Advent fragt von dem Lobpreis des kommenden Königs (1. Advent) noch einmal zurück nach den Erwartungen, die das Gottesvolk auf diesen König gerichtet hatte. Dabei kommen unvermeidlich auch die Misserfolge der eigenen Vorbereitung in den Blick: Die Bahn, die man dem kommenden Heilskönig bauen wollte, ist bei weitem nicht so eben geraten, wie man es beabsichtigt hatte. In der Ordnung des Kirchenjahres bedeutet das: unter das adventliche Thema mischen sich unüberhörbar die großen Bilder und Fragen der letzten Sonntage im Kirchenjahr. Vor diesem Hintergrund erübrigen sich dann alle Appelle zu mehr Besinnlichkeit und gegen Kaufrausch und Vorweihnachtskitsch: Wie in Jesaja 63, diesem einzigartigen „Klagepsalm des Alten Testaments …, starke und vitale Argumente des Atheismus schon vorausgenommen sind" (C. Westermann, ATD, z.St.), so müssen wir heute uns nicht fixieren lassen von der allgemeinen Beliebigkeit von Lebenswahrheiten, sondern können aus dem näherrückenden Christfest Maßstäbe ableiten für lebensfördernd und lebenzerstörend. Nah und fern zugleich ist uns die Stimme des Lukasevangeliums. Die Dimension der Naherwartung spielt in unserm Zeitgefühl und unserer Wahrnehmung der Wirklichkeit wohl kaum eine Rolle. Aber dass uns einzelne Nachrichten oder Geschehnisse zu Zeichen werden, das kennen wir auch: Zeichen, dass etwas zu Ende geht und Zeichen der Hoffnung auf Neues. Wir sollen uns allerdings nicht an diesen Zeichen festhalten, sondern sollen uns von ihnen weiterweisen lassen auf den, den sie ankündigen.

oder

„Beziehungslosigkeit": Wolfgang Borchert erzählt in seiner Kurzgeschichte „Das Holz für morgen" (in: Hoffnung holt Verzweiflung ein, GTB 762, 5, S. 79ff) die Geschichte eines Jungen, der sich das Leben nehmen will, „das Leben, das er nicht verstand und in dem er nicht verstanden wurde". Was ihn vor allem zur Verzweiflung treibt, ist „dieses

Aneinandervorbeisein mit denen, die er liebte", „dass er nachts weinen konnte, ohne dass die, die er liebte, ihn hörten" und dass „die andern es nicht schießen hörten, wenn er es hörte", gibt ihm dieses tödliche Gefühl des „Aneinandervorbeiseins", der gegenseitigen Beziehungslosigkeit. Nicht anders beklagt der Verfasser von Jesaja 63, dass Gott ihn nicht sieht und dass von seinem Erbarmen nichts zu spüren sei (V15), was bei den Menschen dazu geführt hat, „dass wir dich nicht fürchten? (V17). Beziehungslosigkeit.

Der Junge aus der Borchertgeschichte beschließt, sich das Leben zu nehmen, indem er sich auf dem Dachboden des Mehrfamilienhauses, in dem er wohnt, erhängt – „da oben ist niemand". Während er Stufe für Stufe die Treppe hinaufgeht und dabei verschiedene Bruchstücke seines Lebens überdenkt, wird unten eine Tür geöffnet. Durch das offene Treppenhaus hört der Junge die Stimme seiner Mutter: „Der Junge (ist) extra mit dem Wagen los, um das Holz zu holen, damit wir morgen waschen können." Für Vater sei das, ‚eine großen Erleichterung', und „Vater sagt, das wird ihm Spaß machen". Der Junge hört aus diesen Worten: Man braucht ihn. Mehr noch: Man denkt über ihn nach. Die Beziehungslosigkeit war ein Irrtum. Er macht kehrt und steigt die Treppe wieder hinunter, um das versprochene Holz zu holen.

LIED

In Ängsten die einen … (Fassung vom Autor in Arbeitsbuch Gottesdienst, Gütersloh 1990, S.239)
oder
Wie soll ich dich empfangen (EG 11)

Fürbitten

Wir sind so oft festgenagelt auf das, was wir schon kennen, was scheinbar immer schon so war, was wir für richtig halten. Aber Du, Gott, willst kommen und willst verändern, damit alle zu ihrem Recht kommen. Gib uns deine Maßstäbe für gerecht und ungerecht, für hilfreich und schädlich, für nötig und überflüssig. Wir bitten dich für die, nicht genug haben: Nicht genug zu essen, nicht genug Wärme, nicht genug Mitleid, nicht genug Raum, um sich zu bewegen oder um anderen Platz zu verschaffen. Wir bitten für die, die nur ans Überleben denken können, und darum nicht frei sind, sich an der Weite deiner Liebe zu freuen. Und wir bitten auch für die, die nur ans Überleben ihrer Selbstverständlichkeiten denken können und darum nicht frei sind, sich an der Weite deiner Gnade zu freuen. Komm zu allen, für die wir dich anrufen, damit dein Reich wahr wird.

3. Advent

Vorbereitet sein

Eingangswort

Immer wieder sind wir mit allem Möglichen und Unmöglichen beschäftigt, aber nicht mit dem, was uns weiterbringt: „Bereitet dem Herrn den Weg; denn siehe, der Herr kommt gewaltig“ (Jes 40,3.10), mahnt uns der Wochenspruch in der 3. Adventswoche. Wir wollen hören, wie wir diesen Weg finden.

LIED

Gottes Sohn ist kommen. (EG 5)

PSALM

Es ruft eine Stimme: In der Wüste bereitet dem Herrn den Weg, macht in der Steppe eine ebene Bahn unserm Gott; denn die Herrlichkeit des Herrn soll offenbart werden.

Wir wissen viel zu erzählen von deinem gnädigen Handeln, Herr.
Mit der Befreiung Israels aus Ägypten hat es angefangen.
Seitdem ist es wieder und wieder geschehen,
dass du Menschen aus aussichtsloser Lage befreit hast.
Sollen wir heute nicht mehr mit dir rechnen ?
Sollen wir meinen, du wärst mit deinen Möglichkeiten am Ende?
Lass uns erfahren, dass wir immer noch dein Volk sind.
Lass uns gewahr werden, wohin du uns diesmal führst.
dass wir neuen Mut fassen
und uns wieder freuen können.
Du hast uns die Hoffnung deines Advents gegeben,
die alle Sorgen und Befürchtungen überwindet.
Du lenkst unsern Blick auf die neue Welt,
an der du schon mitten unter uns baust.
Da ist Treue nicht mehr kleinlich und anmaßend,
sondern voll Güte.
Gerechtigkeit wird nicht mehr mit Mauern und Militär
erzwungen, sondern ist gepaart mit Friede.

Es ruft eine Stimme: In der Wüste bereitet dem Herrn den Weg, macht in der Steppe eine ebene Bahn unserm Gott; denn die Herrlichkeit des Herrn soll offenbart werden. (nach Ps 85)

oder

PSALM

Sagt den müden Herzen: Schöpft Hoffnung! Habt keine Angst mehr! Gott ist dir näher, als du meinst.

Acht (bzw. neun, zwölf …) Tage noch, dann ist Weihnachten.
Die eine kann es kaum erwarten.
Und der andere vermag es nicht zu fassen.
Was macht diese Zeit mit uns, Zeit, die wir nicht haben?
Die uns lästig ist wie der Schneeregen, nasskalt und flüchtig.
Früher war alles besser, höre ich sie reden,
das Wetter und die Moral, die Vorfreude und der Winter.
Als ob uns die Wärme von vorgestern wärmen könnte,
und das Licht den Weg zeigen, das im letzten Jahr brannte.
Leben ist einatmen und ausatmen, empfangen und loslassen,
jeder Schritt lebt vom Gleichgewicht des Augenblicks
und der Zuverlässigkeit eines winzigen Stückchens Erde.
Lass uns nicht fallen, Gott, in leere Versprechen und
nichtige Sehnsüchte!
Erfülle uns mit deinem Kommen, dass wir mit der Zeit
Schritt halten.
Mach uns stark im Warten auf dein Hier-bin-ich.
Leg dich, wie damals, als Ziel unserer Wünsche in unsere abgenutzten Futterkrippen.

Sagt den müden Herzen: Schöpft Hoffnung! Habt keine Angst mehr! Gott ist dir näher, als du meinst.
(nach Ps 85)

Gebet

Advent, Herr. Wieder einmal lässt du uns Advent feiern und hoffst, dass wir dabei auch ein wenig von deinem Advent, von deinem Kommen zu uns, verstehen. Wir haben Lichter entzündet, heute sind es schon drei. Aber was sind das für armselige Lichter. Herr, unser Glaube, unser Begreifen ist wie diese Lichter. Ein einziger Luftzug droht sie auszulöschen. Und sie scheinen so wenig zu helfen in der Finsternis dieser Welt. Und dennoch: Du hast sie entzündet. Du lässt dich nicht irre machen. So ist das, wenn du etwas mit uns vorhast. Hilf uns mitzuhalten mit deinen großen hoffnungsvollen Schritten, mit denen du zu uns kommst durch unsern Herrn Jesus Christus.

Lied

Es ist eine Stimme
(Kanon; aus: Mein Kanonbuch, Düsseldorf 1986, Nr. 103)
oder
Bereitet dem Herrn den Weg
(Kanon; aus: Mein Kanonbuch, Düsseldorf 1986, Nr. 31)
oder
Die Nacht ist vorgedrungen (EG 16)

Lesung

Lk 3,1–14 Johannes d.T. ruft zur Umkehr

Lied

Mit Ernst, o Menschenkinder, das Herz in euch bestellt (EG 10)

Impulse zum Weiterdenken

Johannes der Täufer – eine sperrige Figur. Aber gerade sie ist ausersehen, den kommenden Messias anzukündigen. Seine Worte sollen helfen, sich angemessen vorzubereiten. Johannes steht für die Stimme des ersten Bundes, die nicht in gefälligen Geschichten und wohlklingenden Psalmworten unsere überkommene Frömmigkeit bereichert. Denn auf diesem Weg besteht die Gefahr, dass wir das Kommen des Retters verpassen. Die Ankunft des Erlösers wird anders verlaufen, als der Mainstream der Erwartungen es uns nahe legt. Mit Johannes werden wir an die Kritiker und Querdenker unserer Zeit verwiesen. In ihren Worten finden wir, wenn wir sie vor dem Hintergrund der biblischen Verheißungen durchbuchstabieren, Zeichen der Hoffnung auf eine andere Welt, in der „Gerechtigkeit gepaart ist mit Frieden“. (Siehe auch Johannistag in Band 2)

oder

Für Kinder ist die Zeit vor Weihnachten eine Zeit der Geheimnisse und des mühsamen Wartens. Uns Erwachsene erschreckt mitunter, zumal in milden Wintern, in denen es draußen eher nach Spätherbst aussieht, wie nahe die Festtage schon vor der Tür stehen. Aber es hat keinen Sinn, sich in die Kindertage zurück zu träumen und nostalgisch verblassende Erinnerungen auszumalen. Es gilt, die Gegenwart darauf abzuklopfen, wo wir uns nur im Leerlauf von Routine und konventionellen Erwartungen müde laufen und wo wir Schritte tun, die dem Augenblick Gewicht geben und das Stück Erde, auf dem wir stehen, wichtig machen. Die Mitte von Weihnachten, das Kind in der Krippe, ist einerseits etwas ganz Alltägliches, das sich im gleichen Augenblick weltweit hundertfach wiederholt. Aber zugleich ist es das Zeichen dafür: Euch ist heute der Heiland geboren. Diese Spannung gilt es, in der Adventszeit neu bewusst zu machen.

LIED
Tröstet, tröstet, spricht der Herr (EG 15)

Fürbitten

Immer wieder erleben wir, dass wir falsch reagieren, weil wir mit diesem Ereignis oder diesem Verhalten eines Menschen nicht gerechnet haben. Gott hilf uns, besser vorbereitet zu sein, indem wir auf dein Wort hören. Du rufst uns, dir den Weg zu bereiten; und wer sich für diesen Dienst rüstet, ist offen für das, was auf ihn zukommt. Wir bitten dich für die, die du mitbringst, für die Gutwilligen unter ihnen, denen dein Gebot wichtig ist und die ihre Energie doch oft damit verbrauchen, sich vom Bösen abzugrenzen. Wir denken aber auch an die, die du mitbringst, weil sie sonst keiner leiden kann oder niemand mit ihnen zurecht kommt. Und wir denken an die, die du an die Hand genommen hast, weil sie allein nicht gehen können oder den Weg nicht finden. Du bist deinen Weg unbeirrt gegangen, von der Krippe bis zum Kreuz, Herr. Und so hast du das Leben gefunden, auch für uns.

4. Advent

Vorfreude

Eingangswort

Weihnachten steht vor der Tür. Freuen Sie sich? Oder ist Vorfreude auf Weihnachten Kinderkram? „Freuet euch in dem Herrn allewege, und abermals sage ich: Freuet euch! Der Herr ist nahe“ (Phil 4,4–5b), mahnt der Apostel Paulus im Wochenspruch. Möge uns der Gottesdienst ein Fenster öffnen zu solcher Freude.

LIED

Er ist die rechte Freudensonn (EG 2)

PSALM

Du Tochter Zion, freue dich sehr, und du, Tochter Jerusalem, jauchze! Siehe, dein König kommt zu dir, ein Gerechter und ein Helfer.

Wenn unsere Freude so groß wäre wie das Wunder,
dass du kommst
sie würde uns zerreißen.
Und wenn wir ernst damit machten, dass du einer von uns wirst
es müsste uns die Sprache verschlagen.
Nein, wir können nur vage die Umrisse dessen erahnen,
was da auf uns zukommt.
Lass dich nicht irre machen von der bescheidenen Vorfreude,
die wir dir entgegenbringen,
und zieh dich nicht von uns zurück,
weil wir so wenig dazu taugen, dir die Tür zu kränzen.
Es ist doch so viel Leere unter uns,
die von dir ausgefüllt werden möchte,
und so viel Seufzen,
das auf seine Verwandlung in fröhliches Singen wartet.
Darum: Du, die du dem Fest entgegen fieberst, nimm mich mit,
und du, der du glauben kannst, der Retter ist nahe, hab ein Herz für meine Zweifel!

Du Tochter Zion, freue dich sehr, und du, Tochter Jerusalem, jauchze! Siehe, dein König kommt zu dir, ein Gerechter und ein Helfer. (nach Ps 102)

Gebet

Weihnachten steht vor der Tür, und wir sind noch so unfertig. So vieles stürmt auf uns ein; es fällt schwer, Wichtiges vom Unwichtigen zu unterscheiden: Schenk uns die einfache Klarheit deiner Geburt in Bethlehem. Wir hören die Worte von der großen Freude, aber unser Herz bleibt kalt, und unsere Seele ist zerrissen von den Bildern der Not: Wärme uns mit deiner Liebe, die zum Mitleiden befähigt! Allmächtiger, ewiger Gott, du wirst klein, um bei uns zu sein. Mach uns groß genug, um dich zu empfangen. Durch den, der da ist und der da war und der da kommt, unsern Herrn in Ewigkeit.

LIED

Freuet euch im Herren allewege (EG 239)

LESUNG

Lk 1,(39–45).46–55.(56) Lobgesang der Maria

LIED

Ein Lied hat die Freude sich ausgedacht (EG NB 580)

Impulse zum Weiterdenken

Maria geht mit der Hoffnung auf den Gottessohn schwanger. Die Schwangere erlebt, wie ein Kind in ihr wächst. Aber ihr Erleben steht in keinem Verhältnis zu dem, was der neue Mensch dann wirklich ist. Wir müssen uns nicht schämen, dass unsere Vorfreude auf Weihnachten in keinem Verhältnis steht zu dem, was wir an diesem Fest feiern. Aber wenn wir etwas von dieser frohen Erwartung spüren, dann sollen wir es getrost denen mitteilen, die nicht „schwanger“ sind, sein können oder wollen.

Im Übrigen ist das Bild von der Schwangerschaft, das in diesem Zusammenhang ja nun wahrlich nicht willkürlich gewählt wurde, gut geeignet, dem Problem gerecht zu werden, dass der 4. Advent – wie der Kalender auch ausfällt – bei uns ganz im Schatten von Weihnachten liegt. Alles, was vor der Entbindung liegt – und seien es nur Stunden – gehört zur Schwangerschaft. Sowohl Johannes der Täufer wie Maria und Josef sind Zeugen der Erwartung des Kommenden. Sie laden uns ein, an ihnen und von ihnen zu lernen, welche Konflikte in unserer Art, Weihnachten zu feiern, entschärft und überwunden werden können. Oder, in den Kategorien der Reformation formuliert: Was heißt Rechtfertigung allein aus Gnaden im Umfeld unserer Vorbereitung auf Weihnachten? Vielleicht finden wir dabei auch einen Zugang zu Erkenntnis des Kirchenvaters Augustin: „Lang Ersehntes wird mit größerer Freude empfangen; was aber schnell gewährt wird, achtet man nicht.“

LIED

Tochter Zion, freue dich (EG 13)

Fürbitten

Wir möchten, dass es Weihnachten wird bei uns, richtig Weihnachten, Gott. Wir wissen, Weihnachten kann man nicht für sich alleine haben. Wir können nicht in Ruhe feiern, während anderswo – in… – Krieg ist. Wir geben dir nur dann die „Ehre in der Höhe", die dir zusteht, wenn wir uns mit gleicher Hingabe für den „Frieden auf Erden" einsetzen. Hilf uns in diesen letzten Tagen vor dem Fest nicht nur an uns zu denken und das, was noch zum vollkommenen Glück fehlt, sondern auch an die, die jetzt ganz andere Sorgen haben. Wir denken an die Menschen, die kein Dach über dem Kopf haben. Wir denken an die, die abends nicht einschlafen können aus Angst vor dem morgen und die morgens aufstehen und schon wieder auf der Flucht sind. Wir denken an die, deren Welt zerbrochen ist, und für die Freude zum Fremdwort geworden ist. Wir möchten, dass es Weihnachten wird, bei ihnen wie bei uns.

Heilig Abend

Gott ganz unten

Eingangswort

Wir haben unsere Häuser verlassen und sind in Gottes Haus gekommen, um Weihnachten zu feiern. Bei uns zu Hause ist es vielleicht gemütlicher, die Sitzgelegenheiten sind bequemer und es fällt uns vielleicht leichter, das auszuschalten, was uns stört. Trotzdem sind wir hierher gekommen. Wir ahnen, wissen aus Erfahrung, dass wir uns verlassen müssen, um uns auf etwas wirklich verlassen zu können. Das hat etwas damit zu tun, dass Gott sich verlassen musste, um bei uns zu sein. Das biblische Leitwort für Weihnachten lautet: „Das Wort wurde Fleisch und wohnte unter uns, und wir sahen seine Herrlichkeit." (Joh 1,14a).

LIED

Dies ist die Nacht, da mir erschienen (EG 40)

PSALM

Das Volk, das im Finstern wandelt, sieht ein großes Licht. Denn uns ist ein Kind geboren, ein Sohn ist uns gegeben, und die Herrschaft ruht jetzt auf seinen Schultern.

Die Welt ist in Aufruhr
es brennt an allen Ecken.
Das ist die Stunde der Gewalttäter und Diktatoren
die starken Männer haben Hochkonjunktur.
Wer nach Gerechtigkeit fragt,
wird lächerlich gemacht oder mundtot.
Glück gibt es nur für die Tüchtigen – oder die Süchtigen.
Aber mitten unter ihnen,
den Starken und den Ausgeflippten,
wird einer geboren,
der das Schema sprengt.
Den Gewalttäter lässt er leer laufen,
denn er schlägt nicht zurück.
Und den Resignierten verblüfft er damit,
dass er die Menschen ernst nimmt.
Krippe und Stall werden zu Wendepunkten der Weltgeschichte
und Funken der Hoffnung glühen heller als alle Weltenbrände.

Das Volk, das im Finstern wandelt, sieht ein großes Licht. Denn uns ist ein Kind geboren, ein Sohn ist uns gegeben, und die Herrschaft ruht jetzt auf seinen Schultern.
(nach Ps 2)

Gebet
Herr, wenn es mir gelänge, heute Abend nur einen Halm von jenem Stroh zu erfassen, das du zu deinem Lager in dieser Welt gemacht hast – ich würde mich daran klammern. Lieber einen Strohhalm aus deiner Krippe als die aufgeblasenen Rettungsringe meiner falschen Freunde. Denn was mich retten kann, ist nur die Liebe, die so weit geht wie du, der du Ohnmacht und Leiden nicht gescheut hast und darum lebst und regierst von Ewigkeit zu Ewigkeit.

LIED
Es ist ein Ros entsprungen (EG 30)

LESUNG
Lk 2,1–20 Die Weihnachtsgeschichte nach Lukas

LIED
Vom Himmel hoch da komm ich her (EG 24)
oder
Zu Bethlehem geboren (EG 32)

Impulse zum Weiterdenken

Alle für den Gottesdienst am Heiligen Abend Verantwortlichen müssen sich im Klaren sein: Zu welchem Predigttext, welchem kirchenmusikalischen Opus oder welcher symbolischen Aktion sie sich auch immer verpflichtet oder verlockt fühlen, die versammelte Gemeinde will und muss vor allem eins hören: Die Weihnachtsgeschichte des Lukas. Durch ihre schlichte Erzählweise und ihre lange Verankerung in unserer Kulturgeschichte ist sie so voll von Bildern und Assoziation, dass man auch in einem vierzigjährigen Pfarrerdasein nicht müde wird, sie zu erzählen. Es kommt dabei freilich darauf an, so von dem Kind von Bethlehem zu erzählen, dass es immer noch, wie damals, „mitten unter den Starken und den Ausgeflippten… geboren“ wird und eben so „das Schema sprengt“. Wer sich von den zahllosen Geschichten und Liedern zur Weihnacht sagen lässt, dass „Bethlehem über all“ liegt, dabei aber das konkrete Ereignis im Judäa des Kaisers Augustus im Auge behält, der wird weder mit Schaum vor dem Mund leere Formeln von der Inkarnation Gottes verbreiten noch ein Jesuskind umsäuseln, das der bürgerlichen Heiligabendfeier mit Kartoffelsalat und Würstchen ein wenig Besinnung dazurührt. „Jesus ist geboren in Bethlehem und überall. Das Wunder, das uns menschlich macht, beginnt im armen Stall" (siehe Lieder): Mit dem Kommen des Kindes von Bethlehem beginnt ein neuer Bund Gottes mit seiner Schöpfung. „Aus der Masse der Heiden, der Gojim, die durch Israel am Ende der Zeiten zu Gott heimgerufen werden, macht der neue Bund Gottes einzelne Menschen, die heute schon seinen Ruf zum Glauben hören und ihm nachfolgen können" (Klaus von Mering, in: Advent – Weihnachten, Gütersloh 2007, S. 131). Eine richtige = bibelgemäße Weihnachtspredigt redet nicht von der Krippe *oder* von der Dritten Welt, sie redet so, dass das eine vor dem Hintergrund des anderen transparent wird.

Anknüpfungspunkte dafür bietet die Weihnachtsgeschichte reichlich. Ein paar Beispiele:

- Der Kaiser hat Geld im Kopf; dadurch wird das Kind aus dem „heidnischen Galiläa" entsprechend prophetischer Verheißung in Bethlehem geboren.
- Die Eltern, Maria und Josef, haben ganz unweihnachtliche Sorgen; aber genau dadurch wird das *Zeichen* der Engelsbotschaft handgreiflich.
- Die Weihnachtsgeschichte ist eine Männergeschichte: Augustus, Kyrenius, Josef, die Hirten, die Weisen, Herodes ...; warum tun sich Männer heute so schwer mit Weihnachten?
- Hirten waren damals Menschen, die von der Hand in den Mund lebten; „euch ist heute der Heiland geboren", sagen die Engel. Und wir?
- Engel überall: von der Schaufensterdekoration über die Plätzchen bis zum barocken Kirchenschmuck; und wie eindeutig ist das *Zeichen,* das die Engel den Hirten gegeben geben: Ein Kind, in Windeln gewickelt und in einer Krippe liegend. (Wie viele Kinder konnte man damals im überfüllten Bethlehem wohl unter diesem Vorzeichen finden?)
- Josef und Maria finden trotz ihrer unübersehbaren Notlage als *Migranten* in Bethlehem „keinen Raum"; und heute?

LIED

Jesus ist geboren
(aus: Advent – Weihnachten, Gütersloh 2007, S. 130.134f)

Fürbitten

Wir gehen jetzt nach Hause in unsere festlich geschmückten Stuben, um deinen Geburtstag zu feiern, Jesus. Gib uns ein bisschen mit von deinem guten Geist, der hier so spürbar geweht hat unter uns! Damit die Freude anhält, auch nachdem die Geschenke ausgepackt sind. Damit sich in der bedrohliche Überfülle unseres Glücks nicht unversehens Leere einstellt. Wir möchten uns gern öffnen für die Freude über deine Nähe, für das Gespräch mit denen, die uns nahe stehen, für das fürbittenden Denken an die, die es nötig haben. Gib uns die nötige Geduld, dass wir uns Zeit lassen und nicht vorschnell in flache Unterhaltung ausweichen. Hilf uns, auch die Gedanken auszuhalten, die uns erschrecken, vielleicht kommst du ja gerade in ihnen zu uns, wie damals bei den Hirten auf dem Feld. (nach Klaus von Mering, Weihnachtsgebete, Stuttgart 1995, S. 54)

1. Weihnachtstag:

Die Liebe hat Geburtstag

Eingangswort

Weihnachten hat die Liebe Geburtstag. Liebe kann sterben, das wissen wir aus Erfahrung. Kann sie auch neu geboren werden? „Das Wort wurde Fleisch und wohnte unter uns, und wir sahen seine Herrlichkeit.“ (Joh 1,14a), sagt das biblische Leitwort zum Weihnachtsfest. Gott, dessen Wort die Welt erschuf, lässt dieses Wort heute neu geboren werden – damit unserer Liebe nicht die Luft ausgeht.

LIED

Kommt und lasst uns Christus ehren (EG 39)

PSALM

Uns ist ein Kind geboren, ein Sohn ist uns gegeben, und die Herrschaft ist auf seiner Schulter.
Und er heißt Wunder-Rat, Gott-Held, Ewig-Vater, Friede-Fürst.

Macht auf, macht auf euren Mund!
Lasst schallen die Lieder,
die altvertrauten und erinnerungsschweren
und die befremdlich neuen mit den spröden Klängen!
Singt mit neuer Hingabe,
aufs neue bereit,
dem Kind im Stall zu begegnen,
das Gottes Liebe ist!
Macht auf! Macht auf eure Herzen!
Öffnet die Tür eurer Seele, die lange verschlossne,
lasst sie von neuem zu euch ein, die großen Freude,
die dem Volk in der Finsternis widerfährt.
Überwindet die Angst vor den Bildern der Armut,
vor der Ohnmacht Gottes
in den hungrigen Augen
des Kinds in der Krippe.
Macht auf! Macht auf eure Hände!
Löst die verkrampften Fäuste, die festhalten möchten,
was doch nichts ist in Wahrheit.
Lasst euch neue Maßstäbe geben
von dem Stall und den Hirten

für wichtig und unwichtig,
für aussichtsreich und hoffnungslos,
für lohnend und umsonst.
Baut aus den heißen Steinen,
auf denen die Tropfen eurer halbherzigen Freude verdampft sind,
eine neue Brücke über den Strom des Vergessens!

Denn uns ist ein Kind geboren, ein Sohn ist uns gegeben, und die Herrschaft ist auf seiner Schulter.
Und er heißt Wunder-Rat, Gott-Held, Ewig-Vater, Friede-Fürst.
(nach Ps 96)

Gebet

Vater, unser Herr und Gott, du bist in Jesus zu uns in die dunkle Welt gekommen, um uns das Licht deiner Liebe zu bringen. Wärme mit deinem Erbarmen unsere kalten Herzen und mach uns zu Vorboten der Hoffnung auf Leben für alle. Durch unsern Herrn Jesus Christus, deinen Sohn, der…

LIED
Gelobet seist du Jesus Christ (EG 23)

LESUNG
Lk 2,(1–14)15–20 Die Weihnachtsgeschichte nach Lukas
oder
Tit 3,4–7 Die Menschenliebe Gottes ist erschienen

LIED
Dies ist der Tag, den Gott gemacht (EG 42)

Impulse zum Weiterdenken

Weihnachten lädt uns ein, uns zu öffnen, weil Gott sich für die Welt geöffnet hat. Das bürstet uns gegen den Strich, gerade zu Weihnachten. Gerade in diesen Tagen „zwischen den Jahren“ neigen wir dazu, alles „zu zu machen“. Wir wollen unsere Ruhe und halten dies für den Weihnachtsfrieden, der uns jetzt endlich zusteht. Aber den Frieden der Weihnachtsgeschichte kann man nicht pachten, er soll „aller Welt widerfahren“. Wir müssen lernen, zu unterscheiden zwischen der Ruhe, die wir brauchen im Sinne der notwendigen Regeneration und dem Frieden, den man nur in der Offenheit für andere haben kann.

Das darf bei den GottesdienstbesucherInnen aber nicht als Forderung, als *Gesetz* ankommen, sie müssen es als eine krampflösende, befreiende

Botschaft aufnehmen können. Das wird vor allem da durch die äußere Situation erschwert, wo der Gottesdienst am 1. Weihnachtstag an der Auszehrung durch die vorangegangenen Christvespern leidet. Unter solchen Voraussetzungen müssen die PredigerInnen ihre Worte besonders behutsam wählen und sollten sich und der Gemeinde klar machen, dass auch in der ersten Christnacht die Menge der himmlischen Heerscharen und das strahlende Licht am „Himmel" war und weder bei den Hirten noch in der Krippe. Die Bethlehemiter und ihre zahllosen „Gäste" haben bekanntlich die Christgeburt verschlafen, so wenig Aufsehen erregend war sie. Und dennoch begann hier mit diesem Kind in aller Unscheinbarkeit eine Bewegung der Öffnung, die bereits 100 Jahre später die Welt verändert hat.

LIED

Christus ist geboren (EG N 545)
oder
Also liebt Gott die arge Welt (EG 51)

Fürbitten

Herr, wenn du als Mensch unter uns trittst, als Kind, nackt und hilflos unserer Gier und unserer Gleichgültigkeit ausgesetzt, wie soll sich da etwas zum Guten ändern! Und doch beherrschst du auch heute überall in der Welt in diesem Kind die Szene; und die Menschen bringen ihre Hände zum Schweigen und beten dich an. Lass uns das festhalten und bewahren: dass du die Vergeblichkeit, dich zu fassen und zu begreifen, verwandelst in die Freiheit, Fäuste aufzumachen und Dinge loszulassen, die uns am Leben hindern. Und hilf uns, unser Leben als Christen im Gottesdienst wie im Alltag für die Menschen zu öffnen, die dich suchen und brauchen. Lass es uns ertragen, dass die Kirchen zu klein werden, wenn du zu uns kommst, dass die es nicht mit der Angst bekommen, die sich bei dir zu Hause fühlen, und dass die den Mut aufbringen, es neu mit dem Glauben zu versuchen, die die Kirche bisher nur von außen ansehen. (aus: Klaus von Mering, Weihnachtsgebete, Stuttgart 1995, S. 49f)

2. Weihnachtstag

Gott beim Wort nehmen

Eingangswort

Weihnachten beginnt mit einer Verwandlung: „Das Wort wurde Fleisch und wohnte unter uns, und wir sahen seine Herrlichkeit." (Joh 1,14a), sagt das biblische Leitwort zum Weihnachtsfest. Wir müssen Weihnachten bei uns Zeit lassen, damit diese Verwandlung uns erreicht.

LIED

Fröhlich soll mein Herze springen (EG 36)

PSALM

Am Anfang war das Wort, und das Wort war bei Gott und Gott war das Wort. Und das Wort ward Fleisch und wohnte unter uns.

Singt dem Herrn das neue Lied,
das er euch geschenkt hat durch der Engel Mund!
Singt dem Herrn von seiner Ehre,
der vielfach besudelten, die wiederhergestellt ist
durch das stammelnde Zeugnis der Hirten
und den zitternden Gehorsam Marias.
Singt das neue Lied vom Frieden, dem ungesicherten,
der sich ausbreitet durch die Ohnmacht des Wortes
und an Boden gewinnt,
wo der Boden denen gehört, die ihn bebauen.
Singt dem Herrn, alle Welt.
Erzählt von seiner Ankunft,
wo alles seine Abwesenheit lebt
und macht Wunder möglich bei denen,
die darauf zu hoffen vergessen haben.

Am Anfang war das Wort, und das Wort war bei Gott und Gott war das Wort. Und das Wort ward Fleisch und wohnte unter uns.
(nach Ps 96)

Gebet

Herr, oben und unten sind für uns die sicheren Symbole für Macht und Ohnmacht, für Befehlen und Gehorchen, für Glanz und Elend. Warum hast du diese Sicherheit zerbrochen und das *Unten* zu deinem Ort gemacht? Es war doch abzusehen, dass die Menschen dich nicht mehr fürchten würden. Oder willst du gar nicht gefürchtet werden? Soll das heißen: Du musstest dein unendliches Oben zu unserm Unten machen und Mensch werden, damit wir endlich den Ausgleich finden zwischen Macht und Ohnmacht, Befehlen und Gehorchen, Glanz und Elend – und so Menschen werden durch unsern Herrn Jesus Christus…

LIED

Freuet euch ihr Christen alle (EG 34)

LESUNG

Joh 1,1–5.9–14 Das Wort ward Fleisch

LIED

Du wesentliches Wort (EG Ö 554)
oder
Wisst ihr noch, wie es geschehen (EG 52)

Impulse zum Weiterdenken

Gott hat sich ganz klein gemacht im Kind von Bethlehem. Aber das war nicht der Tiefpunkt, sondern der Gipfel seiner Majestät. Indem er sich so weit zu uns herunter beugt, hebt er uns in Wahrheit auf die Ebene seiner Herrschaft über die ganze Schöpfung. Am 2. Weihnachtstag gilt es, die innere Distanz, die die Mehrzahl der GottesdienstteilnehmerInnen inzwischen zum Hl. Abend gewonnen hat, als Möglichkeit zu nutzen, sich einen Überblick über das Thema Weihnachten zu verschaffen. Wenn wir die Geschichte Gottes mit dieser Welt in einer Kurve zeichnen wollten, dann würden wir sie, aus der Perspektive unserer natürlichen Vernunft, als eine fallende Kurve malen: von der Erschaffung des Alls bis zum Kind in der Krippe und – in logischer Folge – dem Kreuz auf Golgatha. Unser Glaube aber lässt sich den Weg Gottes als eine stetig steigende Kurve zeigen: Gott geht immer weiter, setzt immer mehr ein, um den von ihm geliebten Menschen zu erlösen und für sich zu gewinnen. So ist das neue Lied, das wir mit den Engeln und den Hirten anstimmen, getragen von dem Wort, das schon im Anfang bei Gott war und nun Fleisch wurde. Und Krippe und Kreuz, als die Symbole der Kläglichkeit und Gottverlassenheit, sind die Höhepunkte der Gegenwart Gottes unter uns.

Die innere Spannung dieser Sätze macht deutlich: Das ist keine Möglichkeit, die man wollen, zu der man sich entschließen, die man am Ende gar befehlen kann. Maria hat ihr Kind nicht geplant, entworfen, designed, gemacht, sie hat es empfangen und zur Welt gebracht. Das ist Gottes Art, an uns und unter uns zu wirken: Wir empfangen die Hoffnung und tragen sie (hin)aus. Ob sie da draußen überleben wird, braucht unsere Sorge nicht zu sein. Gott hat das Leben, das vor ihm gilt und bleibt, schließlich gerade durch den Tod dessen bewirkt, auf den sich unsere Hoffnung richtet.

LIED

O du fröhliche (EG 44)

Fürbitten

Lieber Vater im Himmel, der Weihnachtsbaum erinnert uns daran: Du kannst es grün machen, wo alles tot und kahl ist. Du schaffst Leben, wo die Kälte alles Leben getötet zu haben scheint.

Und die Lichter sagen uns: Dieses Leben will nicht im Dunkeln schlummern, es will alles hell machen: diese Kirche, unser Leben, die ganze Welt. Jesus, Kind in der Krippe, hilf uns, dass wir deine Boten werden! Dass wir dem Leben helfen, wo nur der kalte Tod zu regieren scheint – bei Menschen, Tieren und Pflanzen! Und dass wir dein Licht mitnehmen dahin, wo es andern hilft, sich zurechtzufinden, damit sie keine Angst mehr haben. Gott, Weihnachten ist schön. Überall soll Weihnachten sein, überall! (aus: Klaus von Mering, Weihnachtsgebete, Stuttgart 1995, S. 63)

Sonntag nach Weihnachten

Das Leben geht weiter

Eingangswort

Weihnachten – lange haben wir es vorbereitet. Und nun ist es schon vorbei. Oder doch nicht? Der Wochenspruch erinnert uns: Weihnachten ist nach wie vor im Gange. „Das Wort wurde Fleisch und wohnte unter uns, und wir sahen seine Herrlichkeit." (Joh 1,14a).

LIED

Vom Himmel kam der Engel Schar (EG 25)

PSALM

Festhalten will ich und nie wieder loslassen, was Gott getan hat, mir und aller Welt zum Heil. Seine Barmherzigkeit reicht tiefer als der tiefste Abgrund der Verzweiflung.

Lass mich immer zur Verfügung stehen, Herr,
wenn es gilt, deinen Ruhm zu mehren.
Mein Mund soll nicht müde werden,
deine Großzügigkeit zu bezeugen.
Dankbarkeit sollen die Menschen
aus meinen Augen lesen, nicht Seufzen,
und meine Zweifel sollen getragen sein
von deinem Erbarmen.
In deiner Kraft kann ich tun,
wozu mir eigentlich der Mut fehlt,
und Hoffnung säen zwischen den Mauern der Angst.
Lass mich Zeuge sein deiner Wunder
und den Kindern weitergeben,
was du mir bedeutest.
Wer singen kann, singe mit mir,
singe das fröhliche Lied der Befreiten.

Festhalten will ich und nie wieder loslassen, was Gott getan hat, mir und aller Welt zum Heil. Seine Barmherzigkeit reicht tiefer als der tiefste Abgrund der Verzweiflung.
(nach Ps 71)

Gebet

Herr Gott, himmlischer Vater, du hast uns durch die Geburt deines Sohnes zu Söhnen und Töchtern ernannt. Hilf, dass wir nicht Kinder bleiben für immer, im Glauben und in der Liebe, sondern geschwisterlich und verantwortungsvoll dem Ruf Jesu Christi folgen, der mit dir in der Einheit des Heiligen Geistes lebt und regiert in Ewigkeit.

oder

PSALM

Das Wort ward Fleisch und wohnte unter uns, und wir sahen seine Herrlichkeit, eine Herrlichkeit als des eingeborenen Sohnes vom Vater, voller Gnade und Wahrheit.

Hilf mir, Gott, warte nicht länger,
ich weiß nicht, wie es weitergehen soll!
Da hast auf Ohnmacht gesetzt in Bethlehem,
aber wie soll deine Ohnmacht schützen oder befreien?
Die jetzt den Mund so voll nehmen
und die arme Gestalt verspotten, in der du zu uns gekommen bist,
werden sie einmal mit Schrecken einsehen,
wer du wirklich bist?
Und die ihre Türen dir geöffnet haben,
die dich aufnahmen, vielleicht ohne dich zu kennen,
werden sie sehen, wer zu ihnen kam, und aufatmen?
Das wäre schön, wenn wir Mühe und Zweifel vergessen könnten,
und die Angst überwunden wäre, verlassen und verloren zu sein!

Das Wort ward Fleisch und wohnte unter uns, und wir sahen seine Herrlichkeit, eine Herrlichkeit als des eingeborenen Sohnes vom Vater, voller Gnade und Wahrheit.
(nach Ps 71)

Gebet

Allmächtiger Gott, unser Vater, du erhörst unsere unausgesprochenen Gebete. Du beschenkst reicher, als wir uns zu träumen wagten. Tu jetzt beiseite, was uns ängstet und belastet, und fülle unsere leeren beschmutzten Hände mit deiner Hoffnung. Durch unsern Herrn Jesus Christus…

LIED

In tiefster Nacht trifft uns die Kunde (Text: Huub Oosterhuis, Melodie: Genf 1543/Loys Bourgeois 1551; aus: Du bist der Atem meiner Lieder, Freiburg i. Br.)

oder
O Bethlehem, du kleine Stadt (EG 55)

Lesung
1Joh 4,1–4 Das Leben ist erschienen
oder
Mt 2,13–23 Asylanten in Ägypten

Impulse zum Weiterdenken

Wer mit einer Seilwinde etwas aus einer Schlucht nach oben ziehen will, tut gut daran, die Länge des Seils an der tiefsten Stelle des Abgrunds auszumessen. Wenn es dort lang genug ist, wird es auch bis zu jeder anderen Stelle in der Tiefe reichen. Entsprechendes kann der sagen, der aus der tiefsten Verlassenheit und Verzweiflung erlöst und befreit wurde: Ich weiß jetzt, dass es keinen Ort gibt, an dem Gott mir nicht nahe sein kann. Freilich, dieses zu wissen und danach zu leben, das ist nicht dasselbe. So mathematisch exakt funktioniert unsere Seele nicht. Ich kann nicht garantieren, dass mein Vertrauen nicht im nächsten Augenblick abstürzt. Deshalb muss ich immer wieder das tröstende Wort in die Hand nehmen und es mit aller Kraft festhalten, damit mich die Angst nicht hinunter zieht.

Simeon und Hanna sind Menschen, die ein Leben lang Zeit hatten, solche *Handgriffe* zu üben. Aber die Dauer ihres Trainings bedeutet keine Garantie für ein unerschütterliches Vertrauen: Mit jedem Tag, den sie älter werden, mindert sich die Wahrscheinlichkeit, dass sie noch erleben, worauf sie hoffen. Und dann dürfen sie eines Tages ganz unverhofft das Kind, das Maria und Josef zur Beschneidung in den Tempel bringen, in den Arm nehmen und erkennen: „Meine Augen haben deinen Heiland gesehen“.

oder

Auch wenn wir wissen, dass in dieser Welt gilt: Selig sind, die nicht sehen und doch glauben, wir bleiben angewiesen auf Erfahrungen der Bestätigung und Stärkung unseres Vertrauens. Jesus hat deshalb nicht nur gegenüber dem „ungläubigen Thomas“ diesen Satz als Quintessenz seiner Auferstehung herausgestellt, er hat zugleich in zahllosen Begegnungen mit Menschen, die sich zu solchem Glauben zu schwach fühlten, Mut zu neuer Hoffnung und Heilung von verschiedensten Schwächen zugesprochen und ausgeteilt. Seitdem gilt es zu unterscheiden zwischen der Ohnmacht der Liebe und der Hoffnung, die keine Mittel zur gewaltsamen Durchsetzung kennt oder bewusst auf sie verzichtet, und einer Kraftlosigkeit, die aus der Erfahrung von Leere und Gottesferne erwächst, und angewiesen ist auf Zeichen der Zuwendung und Gesten der Nähe und Stellvertretung. Entsprechend unterscheidet die Bibel zwischen der Zeit des Glaubens und der Zeit des Schauens. Die Gewissheit, dass uns einmal das Schauen dessen geschenkt wird, was wir heute glauben, ist Teil dieses Vertrauens, das seine *Blindheit* nicht nur als notgedrungen erträgt, sondern in dem Wissen wurzelt: In der Zeit des Glaubens, in der wir stehen, bleibt alles Sehen und Erleben doppeldeutig. Weder das Kind in der Krippe noch das leere Grab nach der Auferstehung ersetzen den Glauben durch sicheres Sehen. Sie sind für den Glauben Zeichen, die das Geschehen deuten, für den Zweifel aber zugleich Belege, das an dem allen nichts dran ist.

LIED

Hände wie deine, wie du sein Gesicht
(in: Jugendgesangbuch, Stuttgart 1949)
oder
Tragt in die Welt nun ein Licht (EG NB 571)

Fürbitten

Du, der du Mensch geworden bist um unseretwillen, hilf, dass wir aus deiner Kraft zu Menschen werden, uns und unserer Welt zugut. Lass uns Menschen werden gegen die unmenschliche Anonymität, in der wir nebeneinander her leben – in der Familie, in der Nachbarschaft, mit den Kollegen, im Dorf, in unserer Straße.

Lass uns Menschen werden gegen die unmenschliche Gleichgültigkeit, mit der wir über die Leiden anderer hinweg gehen und unsere eigenen Wunden lecken, die doch zumeist nur eingebildet sind.

Lass uns Menschen werden gegen den unmenschlichen Chauvinismus, mit dem wir uns nicht zuständig erklären für Not in der Dritten Welt, weil wir uns weigern, Dinge zu wissen, die doch jeder wissen könnte.

Lass uns Menschen werden gegen die unmenschliche Oberflächlichkeit unserer Gesellschaft, in der nur noch gilt, was unmittelbaren Lustgewinn verschafft und Angst betäubt.

Lass uns Menschen werden gegen die Hoffnungslosigkeit, die nach uns die Sintflut erwartet und in einem hektischen Totalausverkauf alle Reserven verjubelt.

Lass uns Menschen werden gegen die unmenschliche Lieblosigkeit, die nur verurteilen und verdammen kann, aber niemanden einlädt, von deiner Menschlichkeit Hilfe und Rettung zu erwarten.

Lass uns Menschen werden, die sich für deine Nähe öffnen und vor denen keine Angst haben, die du mit hereinbringst, wenn du kommst – durch unsern Herrn Jesus Christus.

(aus: Klaus von Mering, Weihnachtsgebete, Stuttgart 1995, S. 68f)

Von guten Mächten wunderbar geborgen

Eingangswort
Wir sind schnell am Ende, wo Durchhaltevermögen gefragt ist. Und wir haben einen langen Atem, wenn es darum geht, andern etwas nachzutragen. „Barmherzig und gnädig ist der Herr, geduldig und von großen Güte"(Ps 103,8), erinnert uns der Leitspruch an diesem Altjahrsabend.

LIED

Das Jahr geht still zu ende (EG 63)

PSALM

Der Herr hat seinen Engeln befohlen, dass sie dich behüten auf allen deinen Wegen.

Noch ein paar Stunden, dann ist das Jahr zu Ende, wieder ein Jahr.
Oder nein: Nicht „ein Jahr", sondern dieses eine!
Nichts wird sich wiederholen, weder Gutes noch Böses.
Wir blicken zurück, wir schauen nach vorn:
Woher nehmen wir die Kraft?
Unsere Hilfe kommt von dem Herrn,
der Himmel und Erde gemacht hat.
Er wird nicht müde, auf deinen Weg zu achten,
und begleitet dich mit seinem Schutz auch da,
wo du meinst, du könntest auf dich selbst aufpassen.
Er hilft dir, dass dich dein Glück nicht erschlägt
und du in deinem Unglück nicht ertrinkst.
Wo du dir eine Tür zugeschlagen hast,
öffnet er dir ein Fenster,
und wo du vor einer Mauer stehst,
wird er für dich zur Leiter.
Darum lass dich nicht fesseln von dem,
was hinter dir liegt,
und lass dich vom Leben nicht abdrängen
durch das, was du dir wünschst.
Unsere Hilfe kommt von dem Herrn,
der Himmel und Erde gemacht hat.

Der Herr hat seinen Engeln befohlen, dass sie dich behüten auf allen deinen Wegen. (nach Ps 121)

oder

PSALM

Herr, deine Güte reicht, so weit der Himmel ist, und deine Wahrheit, so weit die Wolken gehen.

So wie die Ebbe das Land weit macht
und die Berechenbarkeit unserer Fahrpläne unsicher,
wie die Flut uns anlockt mit ihrer Gewalt
und uns mit ihrem Dröhnen schweigen hilft,
so wirst du unvermutet spürbar in unserm Leben,
wenn wir uns lösen von unsern Selbstverständlichkeiten
und uns mitnehmen lassen von einer ungewohnten Landschaft,
die noch unmittelbarer deine Schöpfung zu atmen scheint.
Der eisige Wind reißt mir die Maske meiner bequemen Vorläufigkeiten vom Gesicht
und das flirrende Licht spottet meiner kümmerlichen Erleuchtungen.
Die Möwe, die scheinbar schwerelos über der Brandung schwebt,
fragt mich, welche Kräfte mein Leben tragen
und das Knacken zerbrechender Muschelschalen im frostharten Sand
begleitet als mahnendes Metronom meine tastenden Schritte durch zeitlose Tage.
Wie überwältigend ist deine Güte, Gott, in ihrer Gewaltlosigkeit
und wie hinreißend das Leben, zu dem du mich lächelnd einlädtst!
Lass mich den unscheinbaren Sternen deiner Treue mehr Zukunft zutrauen
als den wichtigtuerischen Böllern unserer Beschwörungen
und wenn dieser ganze mühsame Versuch, dem Alltag davonzulaufen, wieder wie eine Insel hinter uns zurückbleibt,
dann lass mich mitten in den alltäglichen Häuserzeilen auf deine Schriftzeichen stoßen,
die mich an diese Auszeit hier erinnern, aus der du mich ins Leben rufst.

Herr, deine Güte reicht, so weit der Himmel ist, und deine Wahrheit, so weit die Wolken gehen.
(nach Ps 36)

Gebet

Herr Gott, Vater im Himmel, wir bringen dir das Jahr zurück, das du uns geliehen hast. Wir wissen: Es ist nicht mehr so, wie du es in unsere

Hand gelegt hast. Viel Unbefangenheit ist verloren gegangen, manch Belastendes ist dazugekommen. An vielen Stellen ist es beschädigt durch unsere Schuld. Aber diese Spuren sind Spuren unserer Erfahrungen, wichtiger wie schon vergessener. Manches wird unsere Erinnerung festhalten, und es wird unsere Zukunft prägen. Vieles ist jetzt schon versunkene Vergangenheit – und prägt uns doch nicht weniger. So bringen wir dir ein Stück von uns selbst mit diesem Jahr, Herr, und bitten dich: Füge du die Stücke unserer Jahre zu einem Ganzen zusammen. Durch Jesus Christus, unsern Herrn.

LIED

Das alte Jahr vergangen ist (EG 59)

LESUNG

Röm 8,31b–39 Ist Gott für uns, wer kann wider uns sein
oder
Koh 3,1–8 (9–13) 14 Ein jedes hat seine Zeit

LIED

Nun lasst uns geh'n und treten (EG 58)

Impulse zum Weiterdenken

Der Gottesdienst am Altjahrsabend versammelt Menschen, die von ganz unterschiedlichen Stimmungen geprägt sind: Die einen kommen aus einer relativen Sicherheit und quälen sich mit der Sorge, ob das so bleibt. Andere haben im zurückliegenden Jahr etwas Einschneidendes erlebt und leiden an diesem Abend besonders stark unter dem Druck, sich davon zu lösen. Wieder andere wissen, dass ihnen eine große Veränderung ins Haus steht, und erleben diesen Abend gleichsam vorweg als Abschied vom Bisherigen. Und eine vierte Gruppe sieht weder im Rückblick noch in der Vorschau etwas Herausragendes, sondern ist einfach mit der Erfahrung konfrontiert, dass ihre Zeit im ständigen Fluss ist.

Sie alle sind von den Worten des Psalms aufgerufen, sich mit ihren Ängsten und Sorgen bei Gott festzumachen und dadurch im Strudel der fliehenden Tage einen Halt zu finden. Die Rede vom Engel macht es zudem möglich, auch seine ganz persönliche Lebenssituation mit Gott in Verbindung zu bringen: Während man sich oft nicht traut, Gott mit seinen ganz privaten Sorgen zu behelligen, weil er sich schließlich um die „großen Dinge“ kümmern muss, erscheint der Schutzengel als ganz persönlicher *Leibwächter,* dem man alles anvertrauen kann.

Aber der Blick auf den, „der Himmel und Erde gemacht hat“, befreit nicht nur von Sorgen und gibt in Ängsten Halt, er fordert uns auch auf, unsere Wünsche und Erwartungen kritisch zu überprüfen: Richten sie sich wirklich auf etwas, was unser Leben reicher und tragfähiger macht, oder sind sie bei Licht besehen etwas, was uns „vom Leben … abdrängen“ will, z.B. weil es falsche Sicherheiten verspricht oder uns von anderen isoliert. Vor diesem Hintergrund muss auch die Rede vom Schutzengel überprüft werden, ob wir in ihm nur eine Art magische Absicherung unserer Wünsche sehen oder ihn wirklich Gottes Boten sein lassen.

oder

Die 2. Psalmmeditation setzt die Erfahrung voraus, dass zahllose Menschen sich zum Jahreswechsel auf eine Insel begeben und dort besonders intensiv mit dem Kontrast zwischen lärmender Silvesterknallerei und der weiten Stille eines einsamen Strandspaziergangs konfrontiert werden. Viele von ihnen, auch junge Menschen, zieht es dort am Abend des alten Jahres in die Inselkirchen und sie werden nicht selten von ihrer eigenen Offenheit für das überrascht, was aus den ungewohnten Worten der Bibel zu ihnen herüber dringt. Dabei können die Bilder und Geräusche des Tages transparent werden für neue Einsichten und Vorhaben.

Wer den Gottesdienst in einer ganz anderen Umgebung feiert, kann entweder die erste Psalmmeditation einsetzen oder versuchen, mit Hilfe des Vorbildes aus Psalm 36 die eigenen Rahmenbedingungen zu durchleuchten. Ich vermute, dass eine Berglandschaft, eine landwirtschaftlich geprägte Umgebung, aber auch das besondere Milieu einer Klein- oder Großstadt genügend Anhaltspunkte bietet, auch wenn dort wahrscheinlich der Gesichtspunkt der völligen Ausnahmesituation nicht so ausgeprägt ist wie auf einer winterlichen Insel.

LIED

Von guten Mächten treu und still umgeben (EG 65)

Fürbitten

Du hast die Zeit in Händen, in deine Hände legen wir dieses Jahr zurück. Gib uns, gib deiner Kirche, dass wir uns von dir stark machen lassen für den Frieden, in den Ehen und Familien, in den Gruppen und Parteien, in und zwischen den Völkern. Wehre der Ungeduld, die zuschlagen und dreinschlagen möchte, mehre die Weisheit, die Fenster öffnet, durch die man miteinander sprechen kann. Du bist ein Gott, der Schuld vergibt und neuen Anfang möglich macht. Lass uns diese Möglichkeiten ergreifen und deine Versöhnung weitergeben.

Neujahr

Das wirklich Neue

Eingangswort

Der Neujahrstag ist nach altkirchlicher Sitte der Gedenktag der Beschneidung Jesu und damit sein Namenstag. Vor diesem Hintergrund mahnt uns der Apostel: „Alles, was ihr tut, mit Worten oder mit Werken, das tut alles im Namen des Herrn Jesus und dankt Gott, dem Vater, durch ihn. (Kol 3,17)

LIED

Jesus soll die Losung sein (EG 62)

PSALM

Weil Gott seinem Christus Macht gegeben hat über alles was lebt, darum hoffen wir auf den Tag, da alles zusammen stimmt in dem Bekenntnis: Herr ist Jesus Christus.

Du bist nicht darauf angewiesen,
dass wir dir schöne Augen machen, Gott!
Du bist schön,
auch wenn alle in die andere Richtung schielen.
Du brauchst es nicht,
dass die Menschen dir zu Füßen liegen;
du bleibst unser Herr,
auch wenn wir mitleidig auf dich herab blicken.
Du bist nicht in Gefahr,
wenn wir den Weltraum zum Nahverkehrsbereich erklären.
Ohne deinen Himmel
wäre unsere Welt längst die Hölle.
Was ist an mir dran,
dass du so viel Aufwand um mich machst?
Warum hast du mich so hoch gehoben,
dass ich dir in die Augen blicken kann?
Nicht, damit mir schwindelig wird und angst
und ich demütig zu Kreuze krieche,
sondern damit ich erkenne, dass dein Kreuz mir das Leben eröffnet
und ich frei bin, mit den Werken deiner Schöpfung zu spielen
wie ein Kind im Garten seines Vaters.

dass ich frei bin, mich zu dir zu bekennen auch dort,
wo man dich noch nicht kennt.

Weil Gott seinem Christus Macht gegeben hat über alles, was lebt, darum hoffen wir auf den Tag, da alles zusammen stimmt in dem Bekenntnis: Herr ist Jesus Christus.
(nach Ps 8)

Gebet

Herr, unser Gott, wir haben dir das alte Jahr zurückgebracht, verbraucht und beschädigt, wie es in unsern Händen geworden ist, und empfangen jetzt aus deiner Hand das neue: Lass uns behutsam damit umgehen, wissend, dass unsere Lebenszeit begrenzt ist, aber lass es uns auch getrost gebrauchen in dem Vertrauen, dass du schon mit ausgebreiteten Armen am Ende stehst und auf uns wartest. Wir bitten dich durch unsern Herrn Jesus Christus.

LIED
Hilf, Herr Jesu, lass gelingen (EG 61)

LESUNG
Jos 1,1.5b.6 (7–8) 9 Sei getrost und unverzagt
oder
Joh 14,1–6 Ich bin der Weg

LIED
Vertrau dem Weg
(Kanon; aus: Mein Kanonbuch, Düsseldorf 1986, Nr. 419)
und/oder
Vertraut den neuen Wegen (EG 395)

Impulse zum Weiterdenken

Unser alltägliches Leben zehrt von einem Grundvertrauen, das uns eigen ist, ohne dass wir darüber nachdenken oder darum ringen müssen. Wenn wir Angst haben müssten, in der nächsten Minute das Einatmen zu vergessen, könnten wir nicht leben. Wenn wir fürchten müssten, beim nächsten Schritt in eine unsichtbare Fallgruppe zu tappen, könnten wir uns nicht bewegen. Der Psalm lädt uns ein, auch unsern Glauben einmal aus dieser Perspektive zu betrachten: Gott ist schön, er wird es nicht erst durch unsere Bewunderung. Gott ist der Herr, egal, wie viele Menschen ihn bewusst Herr sein lassen in ihrem Leben. Wir spüren:

Diese Sichtweise bewirkt eine unerhörte Befreiung. Wir müssen nicht auf Schritt und Tritt Sorge tragen, dass sich wenigstens noch ein paar Menschen um Gott kümmern. Wir müssen uns nicht aufreiben auf der Suche nach immer neuen Verstecken für den Schlüssel, mit dem wir den Himmel abgeschlossen haben gegen die, die darin nur ihre frivolen Spielchen spielen wollen. Wir sind „frei …, mit den Werken der Schöpfung zu spielen wie ein Kind im Garten seines Vaters".

Deshalb können wir an diesem ersten Tag des neuen Jahres mit großer Gelassenheit in die Zukunft blicken, obwohl wir nicht wissen, was sie uns bringt. Das ist freilich nicht dasselbe wie Fortschrittsoptimismus. Wir brauchen nicht die Augen davor zu verschließen, dass nicht alles, was uns möglich ist, auch gut für uns ist. Wir wissen, woher wir kommen. Und wir wissen, wem wir einmal unser Leben zurückgeben, wenn er uns ruft.

LIED

Geh unter der Gnade (EG W 543)

Fürbitten

Die Zeit, die uns umgibt im gestern, heute und morgen – sie ist Ausdruck deines Um-uns-Seins. An der Schwelle dieses neuen Jahres denken wir an alle, die ausgesperrt oder gefangen sind: Ausgesperrt von der Gemeinschaft der Gesunden, der Fröhlichen, der Satten, der Glücklichen. Oder gefangen in ihrer Einsamkeit, ihrer Sucht, ihrer Schuld, ihrer Aussichtslosigkeit. Tritt du auch auf ihre Schwelle, so wie du heute vor uns stehst, und öffne ihnen eine Tür, die sie einlädt in deine Geborgenheit oder die sie befreit zu neuer Eigenverantwortung. Wir wünschen uns gegenseitig ein gutes neues Jahr. Wir möchten keinen davon ausgenommen wissen.

2. Sonntag nach Weihnachten/ Sonntag nach Neujahr

Wo wir hingehören

Eingangswort

Viel Ungewisses liegt vor uns, auf viele Fragen haben wir noch keine Antwort. Aber wir wissen, wo wir herkommen. Und diese Vergangenheit begleitet uns weiter, wie ein festes Geländer: „Wir sahen seine Herrlichkeit", sagt der Wochenspruch, „eine Herrlichkeit als des eingeborenen Sohnes vom Vater, voller Gnade und Wahrheit." (Joh 1,14b)

LIED

Weil Gott in tiefster Nacht erschienen (EG 56)

PSALM

Herr, du hast mich eingehüllt in den Mantel deiner Liebe; darum kann ich ohne Angst hinausgehen in die Kälte einer ungesicherten Zukunft.

Was in mir an Hoffnung ist,
ist Abglanz deiner Güte.
Und was sich an Ängsten regt,
wird gehalten von deiner Treue.
Du hast zu mir gestanden,
auch wenn ich dich verleugnete,
und hast deine Zusage wunderbar bestätigt,
wo ich alles in den Strudel meiner Zweifel zog.
Darum lege ich meine kleine Kraft vor den Thron deiner Gnade,
damit du segnest, was du selbst in mir begonnen.
Nur mit dir kann ich ins Ziel bringen,
was mein Leben trägt.
Lass nicht in der Zugluft der Gleichgültigkeit verkümmern,
was ein Teil von dir ist.

Herr, du hast mich eingehüllt in den Mantel deiner Liebe; darum kann ich ohne Angst hinausgehen in die Kälte einer ungesicherten Zukunft.
(nach Ps 138)

Gebet

Himmlischer Vater, du hast in der Geburt deines Sohnes ein Neues begonnen, das den Wechsel unserer Jahre übergreift; wir bitten dich: Stärke in uns durch deinen Geist, was wachsen soll, und lass absterben, was von dir und dem Nächsten ablenkt, damit wir nur in deiner Liebe leben durch unsern Herrn Jesus Christus.

LIED

Einer ist unser Leben (Text: Lothar Zenetti 1973, Melodie: Jean Liesse 1971)

LESUNG

Lk 2,41–52 Der zwölfjährige Jesus im Tempel

LIED

O Jesu Christe, wahres Licht (EG 72)

Impulse zum Weiterdenken

Der zwölfjährige Jesus weiß, wo er hin gehört. Wissen wir es? „Mit der Bibel kann man alles beweisen", hört man immer wieder. Und in der Tat: Wer nicht um die innere Mitte der Heiligen Schrift weiß, sondern sie wie einen Steinbruch von Orakelsprüchen benutzt, kann mit Bibelzitaten auch die grausamste Verneinung des Lebens belegen. Nur wenn wir, wie Jesus, wissen, wohin wir gehören, irren wir nicht, wie seine Eltern, in verzweifelter Suche umher. Denn wenn wir das wissen, ordnen sich auch die Schriftzeichen der Bibel zu Aussagen, die wir als Gottes Wort erkennen. Und umgekehrt: Wenn wir Christus den Schlüssel sein lassen beim Lesen der Bibel („Was Christum treibet" – Martin Luther), kann sie uns zeigen, wo unser Platz ist.

Nicht erst seit uns bewusst ist, dass wir eine gesunde Umwelt brauchen und dass diese in großer Gefahr ist, sprechen wir von *Lebensqualität.* Leben kann herunterkommen zu einem „nur noch dahinvegetieren", Leben kann sich selbst verlieren – „das ist kein Leben", sagt man dann. Oder jemand stellt fest: Dafür lohnt es sich zu leben. Das Neue Testament spricht in diesem Zusammenhang von „ewigem Leben" und meint damit nicht ein Leben von unendlicher Dauer, sondern eins, das von der Ewigkeit, von Gott her qualifiziert ist. Dieses Leben *lohnt sich,* weil wir uns hier nicht einen Lohn verdienen müssen, sondern weil es ganz und gar geschenktes Leben ist – durch Jesus, der uns zeigt, wohin wir gehören.

LIED

Also liebt Gott die arge Welt (EG 51)

Fürbitten

In dem Kind von Bethlehem wurdest du Leben, wie wir es leben, Gott. Du brauchtest Wärme, wie wir Wärme brauchen. Du schriest nach Nahrung, wie wir nicht ohne Nahrung sein können. Du lerntest eine Sprache, wie wir sprechen lernen. Du fragtest nach der Wahrheit, wie wir Wahrheit suchen. Aber indem wir das bedenken, wird uns auch bewusst, wie viele Menschen noch auf Wärme warten, auf Nahrung, auf Bildung. Wie viele noch nichts gehört haben von deiner Wahrheit, die frei macht. Hilf uns, die Botschaft von deinem Kommen in unser Leben so weiterzugeben, dass sie andern zum Leben verhilft.

Epiphanias

Dem Stern folgen

Eingangswort

Epiphanias, Fest der Erscheinung, der Erscheinung des Lichtes in der Finsternis. „Die Finsternis vergeht und das wahre Licht scheint jetzt", (1Joh 2,8b) lautet das biblische Leitwort für diesen Tag.

LIED

Wie schön leuchtet der Morgenstern (EG 70)

PSALM

Erschienen ist der Herr aller Herren. Die Großen dieser Welt haben ihren Meister gefunden.

Die Völker warten auf Gerechtigkeit,
auf ein Recht, das nicht nur auf dem Papier steht,
sondern das Zusammenleben der Menschen bestimmt.
Papieren sind die Erlasse der Mächtigen,
und wie Wind verwehen die Beschlüsse der Konferenzen.
Wenn du nicht eingreifst, Herr, bleibt die Gerechtigkeit
auf der Strecke,
und niemand kümmert sich um den, der um Hilfe schreit.
Du hast ein Zeichen gesetzt in dem Kind, das im Stall lag,
seine Krippe wurde zum Ziel der großen aus dem Morgenland.
Soll das heißen, dass dieser Kleine die Gewähr ist für Frieden?
Sollen von ihm wir erwarten, dass Recht einkehrt auf Erden?
Staunend erkenn ich die Ohnmacht des Mobs, der ihn kreuzigt.
Ratlos steht Roms Gouverneur vor der Autorität dieses Menschen.
Macht wird durch Ohnmacht gestürzt und vertrieben.
Herr dieser Welt wird es heißen, das Kind, das im Stall man
geboren.

Erschienen ist der Herr aller Herren. Die großen dieser Welt haben ihren Meister gefunden
(nach Ps 72)

Gebet

Herr, die Weisen aus dem Morgenland, die zu deiner Krippe kamen, waren ja nur der Anfang. Seitdem ist das nicht mehr zum Stillstand gekommen, dass Heiden ein Auge hatten für deine Wahrheit, wo Fromme blind blieben. Dass das Bekenntnis deines Namens von einem Volk zum andern läuft. Hilf uns, dass wir aus dieser Bewegung nicht aussteigen. Hilf uns, ein Auge dafür zu haben, wo das Ende der Nacht angekündigt wird durch den hellen Morgenstern, und gib uns Mut, ihm zu folgen, durch unsern Herrn Jesus Christus.

oder

Herr, Schöpfer des Lichts, du hast die Weisen aus dem Ostland durch einen Stern in der Nacht zur Krippe deines Sohnes geleitet. Herr Jesus Christus, du bringst mit deiner Nähe in Armut Licht und Wärme in die kalte Lieblosigkeit unserer Herzen. Herr, Heiliger Geist, du erfüllst unser Wissen und Verstand mit dem hellen Licht deiner Erkenntnis. Wir bitten dich, Gott: Leite, wärme und erleuchte uns, damit wir getrost und behütet unsere Wege gehen, bis du aller Welt erscheinst in Herrlichkeit.

LIED

Jesus ist kommen, Grund ewiger Freude (EG 66)

LESUNG

Mt 2,1–12 Die Weisen aus dem Orient

LIED

O König aller Ehren (EG 71)

Impulse zum Weiterdenken

Wie Weihnachten, so verdankt auch Epiphanias sein Datum einem heidnischen Fest: Im Weinwunder (Joh 2,1–11 war ursprünglich der zentrale Text, heute 2. Sonntag nach Epiph.),,offenbarte Jesus seine Herrlichkeit" (V11). Wegen der Parallele dieses Wunders zu den Mysterien des Weingottes Dionysos belegte die alte Kirche das Dionysosfest mit der Feier der „Erscheinung Christi".

Heute markiert der 6. Januar in der Regel das Ende der Weihnachtsferien und ist, im wörtlichen oder übertragenen Sinn, ein Tag der ‚Rückreise' geworden, der Rückreise in den Alltag. Ob es noch einmal gelingt, diesen ‚heidnischen' Termin zu christianisieren? Wenn dem Durchschnittsdeutschen zum Stichwort 6. Januar überhaupt etwas einfällt, dann vermutlich „Heilige Drei Könige". Dazu tragen nicht zuletzt die medial gekonnt vermarkteten *Sternsinger* bei, Kindergruppen, die, als Könige verkleidet, singend von Haus zu Haus ziehen und Geld für notleidende Altersgenossen in der Dritten Welt sammeln. Dieser Brauch ist aber durchaus auch geeignet, den Inhalt von Epiphanias zu transportieren: Das Kind von Bethlehem gehört nicht nur denen, die es betend erwartet haben und in stiller Andacht verehren; es ist die Erscheinung des Lichts in der Finsternis, der Gnade Gottes auch für die, die ihn vergessen oder noch gar nicht gekannt haben, den *Heiden*.

Es macht deshalb durchaus Sinn, diesen Gedanken an einem Tag in den Mittelpunkt zu stellen, der für viele an der Schwelle zwischen Rückzug ins Private (Weihnachten, Feiertage, Kurzurlaub) und Wiedereinstieg in die Alltagswelt liegt. Die Erscheinung Gottes in dem Kind von Bethlehem will verstanden werden als seine Grenzüberschreitung über alle Sicherungen, die wir um unsern Frieden gezogen haben: gesellschaftlich, ökonomisch, religiös, wo auch immer. Der erste, der alte Bund zielte auf die Erlösung der Schöpfung durch das erwählte Volk Israel. Der neue Bund in dem Juden Jesus Christus lädt alle Menschen ein, an dieser Befreiung mitzuarbeiten und sie in seinem Namen schon vorab zu feiern.

LIED

Du höchstes Licht (EG 441)

Fürbitten

Gott, wir haben es nötig, dass du zu uns kommst. Wir sind immer wieder wie Josef: Unsere Frömmigkeit hindert uns, deinen Willen zu erkennen. Komm in unsere Träume, damit wir tun, was dir gefällt.

Gott, wir sind immer wieder wie Maria: Wir denken in den Bahnen unserer Erfahrungen und können uns nicht vorstellen, dass du alles veränderst. Komm in unsere Gewohnheiten, damit wir Ja sagen zu deiner Zukunft.

Gott, wir sind immer wieder wie die Hirten: Wir sitzen im Finstern; aber wenn uns ein Licht aufgeht, fürchten wir uns. Komm in unsere durchwachten Nächte, damit wir Maßstäbe entdecken für das Wunder deiner Gegenwart.

Gott, wir sind immer wieder wie die Weisen aus dem Morgenland: Wir verlassen uns auf unsere Pläne und Berechnungen und übersehen die Hinweise, mit denen du uns den Weg weisen willst.

Komm in unsere Sternzeichen, dass wir frei werden von unseren selbstgemachten Prophezeiungen und auf deinen Umwegen ans Ziel gelangen.

Gott, wir haben es nötig, dass du zu uns kommst. Wir danken dir, dass du nicht aufgibst, uns heimzusuchen.

(aus: Klaus von Mering, Weihnachtsgebete, Stuttgart 1995, S. 76f)

1. Sonntag nach Epiphanias

In Gottes Namen

Eingangswort

Wenn Sie mit dem Auto eine Tankstelle anfahren, müssen Sie wissen, was Ihren Wagen antreibt: Normalbenzin, Super oder Diesel. Und wie ist das im übrigen Leben? Wissen wir, was uns treibt? „Welche der Geist Gottes treibt, die sind Gottes Kinder", (Röm 8,14) lautet der Wochenspruch für diese 1. Woche nach Epiphanias.

LIED

Brich an, du schönes Morgenlicht (EG 33)

PSALM

Ich will singen von der Gnade des Herrn ewiglich und seine Treue verkünden mit meinem Munde für und für.

Herr, du hast deinen Namen gebunden an ein kleines Volk
und hast es erwählt vor den Großmächten dieser Erde.
Du gabst ihm einen König, den du deinen Sohn nanntest,
und aus seinem Geschlecht sollte kommen der Messias der Völker.
Er sollte mit dir sprechen können,
wie einer mit seinem Vater redet,
und ungeteilt sollte sein Herz sein im Tun deines Willens.
Höher als alle Königreiche der Welt wolltest du sein Reich stellen,
und obwohl es nicht von dieser Welt ist, soll es mitten unter uns beginnen.
Die in der Tiefe warten, sind Zeugen seiner Größe,
und die auf Gewalt verzichten, rüstest du aus mit seiner Vollmacht.

Ich will singen von der Gnade des Herrn ewiglich und seine Treue verkünden mit meinem Munde für und für.
(nach Ps 89)

Gebet

Ich bin getauft auf deinen Namen, Gott Vater, Sohn und Heiliger Geist. Lehre mich in der Schar deiner Söhne und Töchter kindlichen Gehorsam und kindliches Vertrauen, himmlischer Vater! Hilf mir, in der Schar deiner Jünger dir nachfolgen, Herr Jesus Christus! Lass mich in der

Gemeinschaft deiner Kirche Gerechtigkeit suchen und Liebe schenken, Gott Heiliger Geist! Im Namen Jesu …

oder

PSALM

Dein ist die Majestät und die Herrlichkeit, Herr über den Himmel nicht nur, sondern auch über die Erde. In deiner Hand steht es groß zu machen oder vom Sockel zu stoßen.

Frei bist du, Gott, zu erwählen für deinen Dienst.
Fromme Leistung verschafft keinen Vorsprung
und irdische Macht ist dir eher im Weg.
David hast du gesalbt, als er noch mit den Lämmern spielte
und das hilflose Kind im Stall war der Retter der Welt.
Nichts soll ins Auge fallen als dein Erbarmen,
und was der Gewalt das Genick bricht, ist die Treue deiner Verheißung.
Der gute Geist deines Friedens gewinnt die Zukunft,
und weil du zu deinem Volk stehst,
versinkt es nicht in der Bodenlosigkeit seiner Zweifel.

Dein ist die Majestät und die Herrlichkeit, Herr über den Himmel nicht nur, sondern auch über die Erde. In deiner Hand steht es, groß zu machen oder vom Sockel zu stoßen.
(nach Ps 89)

Gebet

Barmherziger Gott und Vater, du teilst einem jeden von uns das Maß seines Glaubens zu. Schenke uns das Vertrauen, dass wir in deiner Langmut nicht zu kurz kommen können; und wehre der Anmaßung, wir könnten aus eigener Kraft gut sein und selig werden. Durch unsern Herrn Jesus Christus …

LIED

O lieber Herr Jesu Christ (EG 68)

LESUNG

Mt 3,13–17 Jesus lässt sich taufen

LIED

Ich bin getauft auf deinen Namen (EG 200)
Oder
Herr Christ, der einig Gotts Sohn (EG 67)

Impulse zum Weiterdenken

Jesus ist die Erscheinung Gottes unter den Menschen. Das drückt sich aus in seiner Taufe, und zwar in einem doppelten Sinn: Einerseits nimmt Jesus, gegen den Willen Johannes des Täufers, die Taufe der Buße bewusst auf sich, andererseits proklamiert ihn die Stimme vom Himmel bei dieser Gelegenheit – und eben wegen dieses Eintretens in die Solidarität mit den Sündern! – als Gottes Sohn. Dem tragen wir Rechnung, wenn wir die Taufe im Namen des dreieinigen Gottes vollziehen.

Der Name Gottes war schon in Israel Ausdruck seiner besonderen Offenbarung und kennzeichnete die Erwählung dieses Volkes. Und der König wurde im Zuge seiner Inthronisation zum Sohn Gottes erwählt, der fortan, stellvertretend für das Ganze Volk, mit Gott wie mit seinem Vater sprechen konnte. Diese Berufung verpflichtete ihn zwar in besonderem Maße zu einem gerechten Verhalten, aber sie war davon nicht abhängig, wie die Geschichte des Königtums in Israel anschaulich zeigt. Jesus tritt durch seine Taufe in diese Tradition der Davidsohnschaft ein und vollendet sie zugleich. Indem er sich der Kleinen, der Kranken und der Sünder erbarmt und zur Buße angesichts des nahenden Gottesreiches ruft, vollendet er das Werk seines Vaters, das mit der Erwählung Israels begann.

oder

In der Taufe tritt Jesus in eine Spur, die Deuterojesaja mit den Worten markiert hat: „Das geknickte Rohr wird er nicht zerbrechen, und den glimmenden Docht wird er nicht auslöschen. In Treue trägt er das Recht hinaus." (Jes 42,3). Dass Gott auf der Seite der Kleinen steht, das war eigentlich seit der Wahl Israels klar (Dtn 7,7). Und dass Samuel mit David den Sohn Isais zum König salbt, den der Vater wegen seiner Jugend noch gar nicht auf der Rechnung hat (1Sam 16,11), liegt auf derselben Linie, vor allem, wenn man daneben hält, unter welchem Gesichtspunkt Samuel zuvor Saul als König ausgesucht hat: „Und als Saul unter das Volk trat, war er eines Hauptes länger als alles Volk. Und Samuel sprach zu allem Volk: Da seht ihr, wen der HERR erwählt hat; ihm ist keiner gleich im ganzen Volk. Da jauchzte das ganze Volk und sprach: Es lebe der König!" (1Sam 10,23f). Dem entspricht, dass die Weisen den neugeborenen König zuerst in Jerusalem suchen (Mt 2,1f) und von dort erst durch die Worte der Schrift weiter geschickt werden nach Bethlehem: „Und du, Bethlehem Efrata, die du klein bist unter den Städten in Juda, aus dir soll mir der kommen, der in Israel Herrscher sei" (Mich 5,1).

Die christliche Kirche kann deshalb, wenn sie wirklich der Leib dieses Christus ist und bleiben will, nicht mitspielen im Wettbewerb dieser

Welt, wo nur das Größte und Schönste und Mächtigste gilt. Das bedeutet freilich nicht, dass wir uns auf die faule Haut legen und uns nicht anzustrengen brauchten, weil wir doch Gott je lieber wären, je kümmerlicher es bei uns aussieht. Man kann sich die Spannung, in die wir gestellt sind, vielleicht am besten an unsern Gottesdiensten klar machen: Selbstverständlich sollen wir darauf aus sein, dass das, was wir in unsern Kirchen feiern, auf Außenstehende anziehend wirkt, dass unser Singen mitreißend ist, unsere Predigten interessant und anregend und die ganze Atmosphäre so einladend, dass die Menschen sagen: Da gehe ich lieber hin als zum… Aber dabei darf nicht unter den Tisch fallen, dass Jesus gesagt hat: „Kommt her zu mir, alle, die ihr mühselig und beladen seid; ich will euch erquicken" (Mt 11,28). Und niemand soll sich wundern, wenn dies in unsern Gottesdiensten spürbar wird.

LIED

Bau dein Reich in dieser Zeit (EG B 592)
oder
Ich will dich lieben, meine Stärke (EG 400)

Fürbitten

Gott, du hast zu deinem Sohn gesprochen, als er sich taufen ließ. Du hast ihm die Gewissheit deiner Gegenwart zugesagt und ihn mit deinem Geist beauftragt, Gott für die Menschen zu sein.

Wir bitten dich für alle, die nicht herausfinden aus ihrer Wortlosigkeit, weil der Zorn oder ihre Ohnmacht sie stumm macht oder weil sie nicht verstehen, was ihre Umgebung von ihnen erwartet. Wir bitten dich für alle, die es ihren Mitmenschen schwer machen, weil sie alles besser wissen, weil sie verbittert und verschlossen sind, weil sie sich nicht helfen lassen wollen. Wir bitten dich für die, die sich in ihren Zielen verrannt haben und nun selber nicht zurückfinden zu den andern, dass Mitmenschen sie finden und ihnen die Tür zu neuer Gemeinschaft aufschließen.

Dein Heiliger Geist wurde auch uns in unserer Taufe zugesprochen. Hilf uns, unsere Segel auszuspannen, damit er uns treibt.

2. Sonntag nach Epiphanias

Grund zur Freude

Eingangswort

Es ist dir gesagt, Mensch, was gut ist. Wir haben die Zehn Gebote und wissen, was sie bedeuten. Und wir haben das Evangelium von Jesus Christus, das uns aufschließt für die Liebe. Daran erinnert uns der Wochenspruch für diese 2. Woche nach Epiphanias: „Das Gesetz ist durch Mose gegeben; die Gnade und Wahrheit ist durch Jesus Christus geworden“ (Joh 1,17).

LIED

Der Morgenstern ist aufgedrungen (EG 69)

PSALM

Rühmt den Herrn, alle Länder der Erde! Bezeugt seine Herrlichkeit voll Staunen!

Wer kann verstehen, was du geschaffen hast?
Die Erde mit all ihrem Reichtum an Tieren und Pflanzen.
Die Sonnensysteme und Milchstraßen im weiten All.
Und dein schönstes und größtes Geschöpf – der Mensch.
Wer kann die Freiheit begreifen, die du ihm gabst?
Und die Liebe, die du ihm Tag für Tag schenkst?
Wer dich erkannt hat, freut sich über dich.
Weil du da bist, lohnt sich das Leben.
Ich will mich freuen, dass du mir zuhörst.
Ich will für dich eintreten, weil du mich erlöst.

Rühmt den Herrn, alle Länder der Erde! Bezeugt seine Herrlichkeit voll Staunen!
(nach Ps 105)

Gebet

Vater, wir dürfen *du* und *Vater* zu dir sagen, obwohl du größer bist als alles, zu dem wir sprach- und hilflos aufschauen. Du, Vater, nimm dir zu Herzen, was uns quält. Du weißt einen Ausweg, wo wir nur Ausflüchte haben. Gib uns Frieden, nicht den faulen und nicht den gewalttätigen, sondern deinen Frieden, der aus heilen Verhältnissen erwächst. Mach uns heil und hilf uns heilen durch unsern Herrn Jesus Christus, der mit dir …

oder

Psalm

Rühmt den Herrn, alle Länder der Erde! Bezeugt seine Herrlichkeit voll Staunen!

Wer hat euch zu dem gemacht, was ihr jetzt seid?
Habt ihr etwa selbst die Wurzel gepflanzt, aus der ihr gewachsen?
Willst du Gott bekennen,
so musst du nach ihm fragen.
Wer seine Wunder erzählen will,
muss die Grenzen eigenen Begreifens überschreiten.
In der Geschichte Israels, dieses immer wieder umstrittenen Volkes,
findest du seine Spur.
Mose, der Enkel ungeliebter Asylanten,
er erfuhr Gott bedrängend nah für uns alle.
Lasst euch den Weg zeigen
über eure Wünsche und Sehnsüchte hinaus!
Wärmt eure verkrampften Hände an diesem Schein,
damit sie loslassen können Selbstmitleid und Angst.

Rühmt den Herrn, alle Länder der Erde! Bezeugt seine Herrlichkeit voll Staunen!
(nach Ps 105)

Lied

Jesus ist kommen (Kanon dazu) (EG NB 546)
und
Jesus ist kommen, Grund ewiger Freude (EG 66)

Lesung

Joh 2,1–11 Die Hochzeit zu Kana

Lied

Singt das Lied der Freude über Gott (EG 305)

Impulse zum Weiterdenken

Bibelauslegung und Predigt dürfen sich nicht in Wortklauberei verlieren – Ottos „Wort zum Montag“ ist und bleibt da ein warnendes Zeichen. Aber das Wort *Freude,* das im Zentrum dieses Sonntags steht, bedarf doch im Zeitalter der nicht enden wollenden Spaßgesellschaft mit ihrer Comedy-Unterhaltung einer genaueren Bestimmung. „Freude als Lebensgefühl bedarf nicht so sehr eines äußeren Anlasses, sondern es ist eher der innere Glanz eines heilen und befriedeten Lebens. Die sprachliche Verwandtschaft mit Frieden ist unbestritten und wirft ein bezeichnendes Licht auf den Bedeutungsgehalt von ‚Freude'" (Wilhelm Stählin, Predigthilfen).

Freude im biblischen Sinn steht also weniger der Traurigkeit als der Angst gegenüber; denn während Angst mit dem Gefühl von Enge verbunden ist, lebt die Freude von dem weiten Spielraum, in dem sie sich bewegen kann. Das Evangelium, die *gute Nachricht* von der „großen Freude, die allem Volk widerfahren soll", verdient diesen Namen ja auch wesentlich deshalb, weil es zur Freude befreit, die Fesseln der Sünde löst und die ursprüngliche Weite der Schöpfung wieder herstellt („du darfst essen von allen Bäumen im Garten" Gen 2,16).

Von daher ist es weniger verwunderlich, als der erste Augenschein hergibt, dass im Johannesevangelium als „erstes Zeichen, das Jesus tat" und das „seine Herrlichkeit ... offenbarte", das Weinwunder von Kana berichtet wird. Denn in dieser Geschichte geht es ja nicht um einen – womöglich moralisch noch fragwürdigen – Zaubertrick, sondern um eine anschauliche Erfahrung des Satzes: „Von seiner Fülle haben wir alle genommen Gnade um Gnade" (Joh 1,16; vgl. im griechischen Urtext die gemeinsame Wortwurzel von Gnade („charis") und Freude („chara").

oder

„Mir hat in meinem Leben auch noch nie jemand etwas geschenkt" – für Menschen, die so reden, besteht die Wirklichkeit nur aus den Bruchstücken dessen, was sie selbst geleistet haben. Kein Wunder, dass sich da keine Freude einstellen will. Nicht einmal stolz auf das Geleistete kann man sein; denn diese freudlosen Brocken von ängstlichem Egoismus haben keine Strahlkraft, sie wurden ja nur zur eigenen Sicherung erschaffen und lassen sich deshalb nicht einmal unter Freunden vorzeigen – vorausgesetzt, man hätte welche. Dass Gott in einem solchen Leben keine Rolle spielt – wen wundert's?

Wer nach Gott fragt, fragt automatisch über sich selbst hinaus. Und wer das mit Hilfe der Bibel tut, stößt alsbald auf eine Fülle von befremdlichen Geschichten und Sätzen, die mit der eigenen Geschichte scheinbar nichts zu tun haben und dazu zwingen, von ihr abzusehen. Aber je länger man damit umgeht und je tiefer man in sie eindringt, desto mehr wird deutlich: *mea res agitur,* da geht es ja um mich. Freilich in einem Kontext, der weit über die selbstmitleidigen Fragen vom Anfang hinausführt und der mich einlädt, mich in die Gemeinschaft der Dankenden einzubringen, die Gott loben, weil ihnen nicht nur dieses oder jenes, sondern eigentlich alles *geschenkt* wurde.

Lied

Freude, Freude über Freude (Kanon; aus: mein Kanonbuch, Düsseldorf 1986, Nr. 114)
und
Morgenstern der finstern Nacht (Gotteslob 555)

Fürbitten

Gott, du bist die Freude – in und hinter allem Leid und aller Traurigkeit. Du bist das Licht in dieser dunklen Welt. Lass uns Freude erfahren und ausstrahlen, lass uns Spiegel sein für dein Licht. Damit es hell wird bei denen, die Verantwortung tragen in Verwaltungen, Regierungen und öffentlichen Einrichtungen: ein Licht, dass zwielichtige Verhältnisse entlarvt und den Dunst nebulöser Machtstrukturen lichtet. Damit es hell wird an den Orten, da die Angst und die Resignation wohnt und Menschen wieder Mut fassen und zuversichtlich in die Zukunft schauen.

Damit es hell wird, wo der graue Alltag Lebenslust und dankbare Fröhlichkeit erschlagen hat und Menschen wieder anfangen, sich füreinander und für dich zu öffnen. Durch Jesus Christus, den Meister aller Freude.

3. Sonntag nach Epiphanias

Grenzenlos

Eingangswort

Manchmal fühlen wir uns einsam und warten darauf, dass jemand kommt und sein Leben mit uns teilt. Manchmal fühlen wir uns bedrängt und meinen, es kommen immer mehr Fremde und nehmen uns die Luft zum Atmen. Jesus beschreibt das Reich Gottes einmal im Bild eines großen Festes: „Es werden kommen von Osten und von Westen, von Norden und von Süden, die zu Tisch sitzen werden im Reich Gottes." (Lk 13,29).

LIED

Du Morgenstern, du Licht vom Licht (EG 74)

PSALM

Lobet den Herrn, alle Heiden! Preiset ihn, alle Völker!

Manchmal überfällt mich der Gedanke,
ich wäre viel zu unbedeutend für den Gott,
dem die Welt zu Füßen liegt,
und meine Gebete erstürben
unter dem brausenden Beifall der Massen.

Lobet den Herrn, alle Heiden! Preiset ihn, alle Völker!

Manchmal erdrückt mich fast die Last,
dass es so wenige sind,
die seinen Namen in Ehren halten.
Und über einen wie mich
schüttelt die Menge nicht einmal mehr den Kopf.

Lobet den Herrn, alle Heiden! Preiset ihn, alle Völker!

Herr, deine Güte ist mehr
als die geschmeichelte Freundlichkeit des Stars.
Du lässt dich nicht blenden vom organisierten Jubel und gewahrst die Tränen des einen,
mitten in der Menge der Claqueure.

Lobet den Herrn, alle Heiden! Preiset ihn, alle Völker!

Du erbarmst dich des einsamen Rufers
und nimmst dir seine Ängste zu Herzen.
Aber du vergisst auch derer nicht,
die dich vergessen haben,
und säumst ihren Weg mit Signalen deiner Treue.

Lobet den Herrn, alle Heiden! Preiset ihn, alle Völker!
(nach Ps 86)

Gebet

Allmächtiger Gott, barmherziger Vater, du hast durch deinen Sohn Fremde zu Freunden und Außenseiterinnen zu Schwestern gemacht; gib uns offene Augen für die unentdeckte Not der Bedrängten und die quälende Einsamkeit dessen, hinter dem kein mächtiger Verein steht. Lass uns, deine Gemeinde, der Ort sein, an dem es Gemeinschaft und Toleranz gibt. Um Jesu Christi willen …

Psalm

Der Herr ist König; des freue sich das Erdreich und seien fröhlich die Inseln, soviel ihrer sind.

Wer ist wie du, Gott, unter denen,
die sich prahlend und protzig als Götter aufwerfen?
Sie versprechen Freiheit
und ziehen Menschen in ihren Bann;
du bindest durch dein Wort und machst dadurch frei.
Sie winken mit Glück
und schlagen mit der Angst vor dem Schicksal;
du begleitest Menschen
durch Höhen wie durch Tiefen.
Sie huldigen dem Gesetz der Vernunft
und machen zum Knecht menschlicher Süchte;
du bis unbegreiflich in deiner selbstgewählten Ohnmacht.
Niemand kann tun, was du tust.
Darum werden am Ende alle Menschen zu dir finden,
alle Völker werden vor deinem Thron stehen,
denn du hast sie gemacht.

Der Herr ist König; des freue sich das Erdreich und seien fröhlich die Inseln, soviel ihrer sind.
(nach Ps 89)

Gebet

Vater im Himmel, deine Kinder sind sie alle, die Schwarzen wie die Gelben, die Roten wie die Weißen. Hautfarben sind für deine Liebe so unerheblich wie die Haarfarbe unserer Kinder für unsere Liebe. Und Religion und Weltanschauung können Menschen den Blick verstellen, aber sie können nicht Maßstab sein für deine Gnade. Lass das vor allem uns, die weißen Christen, nicht vergessen und halte uns fest in deiner Barmherzigkeit, mit der du uns einst aus den Heiden gerufen hast zu deinem geliebten Volk. Durch unsern Herrn Jesus Christus, deinen Sohn, der mit dir und dem Heiligen Geiste lebt und regiert von Ewigkeit zu Ewigkeit.

LIED

Lobt Gott den Herrn, ihr Heiden all (EG 293)

LESUNG

Mt 8,5–13 Der Hauptmann von Kapernaum
oder
Joh 4,5–14 Die Samariterin am Brunnen

LIED

Gib der Hoffnung ein Gesicht (Text: Hans-Jürgen Netz, Melodie: Holger Clausen. Recht im tvd-Verlag)
oder
O dass ich tausend Zungen hätte (EG 329)

Impulse zum Weiterdenken

Die biblischen Geschichten, die diesem Sonntag zugeordnet sind, erzählen je auf ihre Weise, dass Gott Grenzen ignoriert: In Kapernaum akzeptiert Jesus den gewagten Vergleich eines heidnischen Hauptmanns zwischen der in seinem Alltag herrschenden Befehlsstruktur und der Vollmacht Jesu, zu heilen und nennt das sogar einen beispiellosen Glauben. Am Jakobsbrunnen lässt er sich von einer Frau aus Samarien Wasser reichen und lädt sie ein, an ihn als Quelle des Lebens zu glauben.

Die heidnische Witwe von Zarpat wird von Gott erwählt, damit der Prophet Elia im Exil überlebt, und sie lernt dabei, Gottes Wort zu trauen. Und der römische Hauptmann Kornelius „lehrt" Petrus, dass Gottes Wille größer ist als das jüdische Reinheitsgebot (Apg 10,21–35). Indirekt schlägt auch der Abschnitt aus dem Buch des 2. Jesaja diese Thematik an: Denn indem sich Gott seinem Volk als der einzige Gott zu erkennen gibt, überwindet er das alte Territorialdenken, in dem jedes Volk seinem Gott huldigte (Jes 45,18–25). Und Paulus rühmt im

Römerbrief die Kraft Gottes, die Juden wie Griechen im Glauben zusammenführt (Röm 1,(14–15)16–17).

Diese grenzüberschreitende Weite Gottes macht es uns allerdings nicht immer leicht. Wir geraten ins Stammeln, wenn wir ein Bekenntnis formulieren sollen, das keine Abgrenzungen vornimmt. Und wenn wir auf die bescheidene Zahl der GottesdienstteilnehmerInnen schauen und uns bewusst wird, wie wenig diese Gruppe die Bevölkerung unseres Wohnortes repräsentiert, dann bedrängt uns die Frage, ob die voraussetzungslose Gnade Gottes am Ende eine billige Gnade ist. Solche Erfahrungen erinnern uns daran, dass wir von Gott immer in der Spannung von Weite und Nähe sprechen müssen. Die Größe seiner Allmacht und die Ohnmacht des Kindes in der Krippe sind keine sich ausschließenden Wahrheiten, sondern sprengen als die eine Wahrheit Gottes nur die Gesetze unserer Logik und die Bilder unserer Vorstellungen. Wenn einseitig von Gott als dem Herrn und Schöpfer der Welt gesprochen wird, müssen wir an den erinnern, mit dem wir im Gebet persönliche Zwiesprache halten. Und wenn man Gott einsperrt in Gefühle und Frömmigkeitstypen, dann müssen wir uns stark machen für den, der uns Grenzen überwinden lehrt.

LIED

Herr, du hast dich gern mit vielen (EG P 598)

Fürbitten

Du lässt dich finden von denen, die dich suchen. Wir bitten dich für alle Menschen, die dich anbeten und in Ehren halten, auch wenn sie dich unter anderen Namen anrufen. Wir denken an die, die sich Christen nennen, aber in deiner Kirche nicht zu Hause sind. Wir bitten für die, die sich nicht sicher sind, was sie glauben, aber gern mit dir Gemeinschaft hätten. Lass auch die nicht los, die gegen ihre Zweifel nicht ankommen oder den Argumenten des Unglaubens erlegen sind. Du kannst verschlossene Türen öffnen und verwirrte Sprachen ordnen. Komm mit deinem guten Geist in die Worte, mit denen wir dich suchen oder dein Lob singen, damit die Welt erfüllt werde vom Zeugnis deines Namens.

4. Sonntag nach Epiphanias

Sturmerprobt

Eingangswort

Wir brauchen es, dass Menschen uns einladen, die Erfahrungen mit dir gemacht haben. Aber genauso brauchen wir Zeugnisse, die einladend sind und nicht besserwisserisch oder frömmelnd. „Kommt her", lädt uns der Psalmist im Wochenspruch ein, „und sehet an die Werke Gottes, der so wunderbar ist mit seinem Tun unter den Menschenkindern." (Ps 66,5)

LIED

Ich will, solang ich lebe (EG 276)

PSALM

Danket dem Herrn, denn er ist freundlich, und seine Güte währet ewiglich.

Ich danke dir, Herr, für die Fantasie,
die mich über die Schwelle der Gedankenlosigkeit lockt.
Ich kann auf einmal denken, was ich so leicht vergesse:
Wie, wenn ich das alles nicht hätte! ?
Brot zum Sattessen und Wasser, das man trinken kann;
ein Dach über dem Kopf, wenn es regnet,
und Wärme, wenn es friert.
Menschen, denen ich wichtig bin,
und Hoffnung, dass morgen leichter wird, was heute drückt.
Wie, wenn ich das alles nicht hätte! ?
Ich danke dir, Herr, für die Fantasie,
die mir Lust macht, wichtig und unwichtig auseinander
zu flechten.
Vieles, was ich habe, brauche ich nicht.
Vieles, was ich habe, schadet mir sogar
und ich täte besser, davon zu lassen.
Vieles, was ich habe, könnte ich besser nutzen,
wenn ich es mit anderen teilte.
Wie, wenn ich heute damit begänne! ?
Ich danke dir für die Fantasie,
die in mir schlummernde Kräfte weckt:
die Kraft zu hoffen, dass nicht alles so bleiben muss,
und den Gedanken an die Notleidenden auszuhalten.

Die Kraft, mein Glück in dem zu suchen,
was ich noch nicht probiert haben,
und nicht in dem, was mir sicher ist.
Die Kraft, das, was ich von anderen erwarte, selber zu tun
und richtig zu leben statt nur Richtiges zu sagen.
Ich danke dir, Herr, für die Fantasie,
die mein Herz unruhig macht,
bis es Ruhe findet in dir.

Danket dem Herrn, denn er ist freundlich, und seine Güte währet ewiglich.
(nach Ps 107)

Gebet

Herr, unser Gott, du weißt, dass wir gefährdete Menschen sind und aus eigener Kraft nicht durchhalten können: Stille du die Stürme in uns und um uns, damit wir tun können, was uns und andern Zukunft eröffnet. Durch unsern Herrn Jesus Christus, deinen Sohn, der in der Einheit des Heiligen Geistes mit dir lebt und herrscht in Ewigkeit.

oder

PSALM

Singt umeinander das Lob unseres Gottes. Preist seine Herrlichkeit voll Staunen: Unser Gott ist der Herr der Welt!

Herr, meine Arme reichen oft nicht,
um das Herz meines besten Freundes anzurühren.
Wie sollten sie ausreichen, um dich zu fassen?
Manchmal scheint es mir anmaßend, von dir als dem Schöpfer zu reden.
Zu unwichtig scheint mir mein Leben für einen Gott, der die Welt umgreift.
Oder ich denke, ein Gott, der in den Herzen der Menschen wohnt,
kann nicht Herr sein über Milliarden von Milchstraßen.
Aber dann entdecke ich mich selbst
und den winzigen Ausschnitt der Wirklichkeit, den ich denken kann;
und ich schäme mich, dass ich mein Begreifen
höher gestellt habe als deine Zusage
und meine Zweifel für stärker hielt als deine Liebe.

Singt umeinander das Lob unseres Gottes. Preist seine Herrlichkeit voller Staunen: Unser Gott ist der Herr der Welt! (nach Ps 107)

Gebet

Herr, unser zerrissenes Leben wird nur heil, wenn du es in deine Hände nimmst, unsere gespaltene Erfahrung nur ganz, wenn du sie durchdringst. Darum komm mit der Kraft deines Wortes in unser Leben und mit der Energie deiner Hoffnung in unser schwankendes Vertrauen, damit dein Wille auch in unserm Leben geschehe durch unsern Herrn Jesus Christus …

LIED

Wo Gott der Herr nicht bei uns hält (EG 297)

LESUNG

Mk 4,35–41 Jesus stillt den Sturm

LIED

Wenn wir in höchsten Nöten sein (EG 366)

Impulse zum Weiterdenken

Fantasie ist nötig, um einem Kind die Kraft anzusehen, die später einmal von ihm ausgehen kann. „Im Kampf gegen die Wirklichkeit hat der Mensch nur eine Waffe: die Phantasie". (Théophile Gautier, französischer Schriftsteller). Fantasie kann die weltliche Zwillingsschwester des Glaubens sein. Sie sorgt dann dafür, dass der Glaube seine Wahrheit nur zu Verteidigungszwecken nutzt und dass er nicht müde wird, auf Verwirklichung dessen zu hoffen, was ihm *einfällt.*

In einer Welt, in der die Sintflut der Bilder und der Waren meist bedrohlicher ist als die der Wassermassen, droht Fantasie unterzugehen oder verformt zu werden zur Gier des Habenwollens. Wenn wir uns dagegen von der Begegnung mit Gottes Wort einladen lassen, unsern Alltag in das Licht des Dankens zu stellen, entdecken wir auf einmal eine Vielzahl von Dingen, die nicht selbstverständlich sind und die uns Türen öffnen, die wir vorher gar nicht gesehen haben.

oder

Die meisten Menschen sind im Moment drohender Gefahr nicht in der Lage, vernünftig zu denken oder zu handeln. Wer einen Menschen vor dem Ertrinken retten will, muss damit rechnen, dass dieser ihn in seiner Panik eher mit in die Tiefe zieht, als sich helfen zu lassen. Wenn das eigene Leben bedroht ist, zieht sich bei den meisten von uns die Wirklichkeit auf einen einzigen Punkt zusammen: das Überleben.

Anders ist es, wenn wir aus sicherem Abstand auf eine Situation der Lebensgefahr zurückblicken. Auch dann ist alles Interesse auf einen Punkt konzentriert. Aber wir können in der Kraft dankbarer Erleichterung von diesem Punkt aus das Netz der Beziehungen und Möglichkeiten in den Blick nehmen, in dem wir den Mittelpunkt bilden. Dabei können wir erschrecken, wie unerheblich wir sind für das Geschehen um uns her und zu neuer Bescheidenheit finden. Wir können aber auch das Staunen lernen darüber, wie viele Kettenglieder in einander greifen mussten, um unsere Rettung möglich zu machen bzw. wie viel Anteilnahme unser Geschick erfahren hat. Beides hilft uns, unsern Platz unter den Menschen und vor Gott neu zu bestimmen und über angemessenere Verhaltensweisen nachzudenken.

LIED

Zieh an die Macht (EG 377)

Fürbitten

Wir danken dir Gott, du lässt uns auf unsern Wegen nicht allein. Du gibst uns neue Kraft, wenn wir müde werden, du zeigst uns das Ziel, wenn wir die Richtung verloren haben. Du forderst uns zu neuem Aufbruch auf, wenn wir uns in einer Rast eingerichtet haben. Wir bitten dich für die, sich verirrt haben. Gib ihnen ein Zeichen, das sie auf den rechten Weg zurück führt. Wir bitten für alle, denen die Kraft auszugehen droht: Lass sie neue Energiequellen entdecken und stärke sie mit der Wegzehrung deines Wortes. Wir beten für die, die engstirnig und verbohrt ihre Ziele verfolgen und deines dabei verpassen: Öffne ihnen Augen und Ohren für deine Wahrheit und lass sie und uns alle deinen Ruf hören, der uns in geduldiger Liebe auf den Weg ins Leben ruft.

5. Sonntag nach Epiphanias

Nichts erzwingen

Eingangswort

Gelegentlich weiß ich selber nicht, was ich eigentlich will. Ich spüre nur eine unbestimmte Unzufriedenheit. Gut, wenn ich dann die Muße finde, geduldig in mich hinein zu horchen. Vielleicht gelange ich so, wie der Apostel Paulus, zu der Erkenntnis: „Der Herr wird ans Licht bringen, was im Finstern verborgen ist, und wird das Trachten der Herzen offenbar machen" (1Kor 4,5b).

LIED

Auf Seele, auf und säume nicht (EG 73)

PSALM

Auf dich zu warten, Herr, mehr vermag ich nicht. Aber was sollte ein Mensch Besseres tun, als auf dich zu warten?

Hörst du mich eigentlich, Gott, wenn ich rufe,
sind dir auch wichtig meine wirren Gedanken?
Bin ich dir mehr wert als jene,
die da so sicher behaupten, es gäbe dich nicht?
Was ich erfahre, ist wenig genug:
Gerechte gefoltert und die mit dem harten Herzen
lassen sich's wohl sein.
Manchmal freilich, da tröstet dein Wort,
wo Angst die Vernunft längst erschlagen.
Da stellen sich Mut und Gelassenheit ein,
wo einer wagt, von dir zu reden.
Dann scheint es mir besser, dir zu vertrauen,
als dem eilfertigen Geschwätz derer,
die dich verloren geben,
ehe sie begannen, dich zu suchen.

Auf dich zu warten, Herr, mehr vermag ich nicht. Aber was sollte ein Mensch Besseres tun, als auf dich zu warten?
(nach Ps 37)

Gebet

Lieber Vater, nimm uns die kindliche Angst, die deine Freiheit nicht ernst nimmt, aber auch den kindischen Trotz, der die Freiheit als Willkür missbraucht. Lass uns deine Langmut ernster nehmen als das aufgeregte Toben der Mächte, die du, wenn du willst, zum Schweigen bringst durch unsern Herrn Jesus Christus.

LIED
O Komm, du Geist der Wahrheit (EG 136)

LESUNG
Mt 13,24–30 Das Gleichnis vom Unkraut im Weizenfeld

LIED
Ach bleib bei uns, Herr Jesu Christ (EG 246)

Impulse zum Weiterdenken

Auf jemanden oder etwas zu warten, empfinden wir meistens als vertane Zeit. Was hätte man in dieser Phase nicht schon alles tun können, wenn man genau gewusst hätte, wann der Erwartete kommt bzw. das Ereignis eintrifft! Aber nun konnte man *nur warten.* In der Lutherbibel und in älteren Chorälen ist in diesem Zusammenhang oft vom *Harren* die Rede. „Harre des HERRN! Sei getrost und unverzagt und harre des HERRN!“, heißt es z.B. Ps 27,14. Solches Harren ist offenbar kein tatenloses Abwarten, sondern etwas sehr Aktives. Da bereitet sich einer vor, sieht dem Erwarteten entgegen, ist ganz auf den Empfang ausgerichtet und empfängt deshalb schon jetzt Kraft aus solchem Harren.

Das Evangelium dieses Sonntags (Mt 13,24–30) verdeutlicht das am Beispiel eines Landwirts, der auf sein Getreidefeld schaut. Er sieht genau hin und entdeckt, dass da zwischen dem Korn so manches wächst, was er nicht gesät hat. Das Warten auf die Ernte wird also nicht nur durch die Zeit erschwert, die das Wachsen und Reifen nun einmal braucht, sondern zusätzlich durch die Entdeckung von Störungen, die solches Wachsen und Reifen beeinträchtigen können. Oder ist es umgekehrt gemeint: Wer nicht *richtig* wartet, entdeckt *vertane Zeit?* Und vertan wäre dann doppelsinnig; denn wer das Unkraut zwischen dem Weizen ausjätet, „rauft zugleich den Weizen mit aus“. Das würde auch erklären, warum sich das Gleichnis so merkwürdig uninteressiert an der Frage zeigt, wer der *böse Feind* ist, von dem der Unkrautsame stammt. So wie unser Glaube immer begleitet ist vom Schatten des Zweifels und des Unglaubens, so gehört zum Warten die Gefahr des falschen Zeitvertreibs.

Endgültige Klärung wird erst der Jüngste Tag bringen, wenn das Unkraut verbrannt und der Weizen in die Scheune gesammelt wird.

LIED

Herr, für dein Wort sei hoch gepreist (EG 196)

Fürbitten

Wir danken dir für die Geduld, die du mit uns hast, immer wieder aufs Neue. Und wir danken dir, dass du dir allein die Entscheidung vorbehalten hast, was am Ende gilt und bleibt und was nicht. Vergib uns, wenn wir nach unserm Ermessen und in frommer oder ganz unfrommer Überheblichkeit meinen, Richter sein zu dürfen über das, was etwas taugt und das, was nichts wert ist. Lass uns lernen aus dem Umgang mit deinem Sohn Jesus Christus, dass wir mutig und stark werden im Bekämpfen unserer Schwächen und weitherzig und verständnisvoll, wenn wir andere beurteilen. Gib, dass wir uns für die Saat deines Wortes öffnen und daraus gute Worte gewinnen, die Frieden und Hoffnung stiften.

Letzter Sonntag nach Epiphanias

Dem Licht nachgehen

Eingangswort

Oft wissen wir nicht, wie es weiter gehen soll. Der Weg in die Zukunft scheint wie vernagelt und aus dem Stimmengewirr, das auf uns eindringt, können wir nichts entnehmen, was uns weiter bringt. Dann ist es gut, dem Heroldsruf des Wochenspruches für diese letzte Woche nach Epiphanias nachzuspüren: „Über dir geht auf der Herr, und seine Herrlichkeit erscheint über dir." Jes. 62,2)

LIED

O Jesu Christe, wahres Licht (EG 72)

PSALM

Machet die Tore weit und die Türen in der Welt hoch, dass der König der Ehren einziehe!

Anders bist du gekommen, Gott,
als dein Volk dich erwartete,
und bis heute trittst du verborgen in unsere Mitte.
Aber die Dankbarkeit der Hirten hat uns die Augen geöffnet,
und die Chöre der Engel haben uns aufmerken lassen.
Du bist der Herr der Welt – niemand sonst,
und dein Wort – verachtet und unterdrückt –
bestimmt den Lauf der Geschichte.
Wie ein Blitz leuchtet es manchmal auf im Bekenntnis
eines Zeugen,
und wie Wachs vor dem Feuer schmelzen auf einmal meine Zweifel
dahin.
Dem Dunkel unserer Alpträume dämmert der Morgen,
und in der Finsternis unserer Lieblosigkeiten geht unversehens ein
Licht auf.
Wir sehen klarer, welcher Weg uns weiterbringt,
und die Gewissheit, ans Ziel zu kommen,
ist uns nicht mehr zu nehmen.

Machet die Tore weit und die Türen in der Welt hoch, dass der König der Ehren einziehe!
(nach Ps 97)

Gebet

Herr Jesus Christus, mach unsere Herzen hell durch den Widerschein deiner Liebe. Lass uns in diesem Licht erkennen, wer du für uns bist und Kräfte sammeln gegen die düsteren Erfahrungen von Bosheit und Vergeblichkeit; der du in der Einheit des Heiligen Geistes teil hast am Lichtglanz deines Vaters von Ewigkeit zu Ewigkeit.

LIED

Das Volk, das noch im Finstern wandelt (EG 20)

LESUNG

Mt 17,1–9 Jesus wird auf dem Berg „verklärt"

LIED

Herr Christ, der einig Gotts Sohn (EG 67)

Impulse zum Weiterdenken

Bewusst greift die Antiphon des Psalms noch einmal auf den 1. Advent zurück. Denn mit dem letzten Sonntag nach Epiphanias schließt sich der Weihnachtsfestkreis, der mit dem 1. Adventssonntag eröffnet wurde. Durchgängiges Symbol dieser Zeit ist das Licht, das sich in unserm Umgang mit Kerzen Ausdruck verschafft, die wiederum ihre Anschaulichkeit aus der jahreszeitlichen Dunkelheit beziehen. Mit dem Evangelium von der Verklärung Jesu (Mt 17,1–9) fällt einerseits noch einmal ein „klärendes Licht" auf den, der da in die Finsternis der Welt gekommen ist. Andererseits wird der Blick nach vorn gerichtet auf Passion und Ostern: Die Jünger sollen „von dieser Erscheinung niemandem sagen, bis der Menschensohn von den Toten auferstanden ist".

Dieses Gebot ist nicht in dem Sinn gemeint, wie wir jemandem auferlegen, eine bevorstehende Überraschung nicht zu verraten. Da geht es um das harmlose Vergnügen, eine Vorfreude nicht zu verderben bzw. mit der unerwarteten Enthüllung die Freude über ein Geschenk zu steigern. Hier dagegen, in der alltäglichen Wirklichkeit des Glaubens, geht es darum, dass wir nicht an den Erfahrungen der *Passion* scheitern. Dass das „Bekenntnis eines Zeugen" schlagartig eine undurchsichtige Situation klärt, dass unsere Zweifel auf einmal „wie Wachs vor dem Feuer schmelzen", dass unsern Alpträumen ein erlösender Morgen heraufzieht – das ist die Ausnahme, nicht die Regel; denn wir leben in der Passionszeit unseres Herrn, nicht im Osterlicht. Allerdings: Wenn wir uns das Licht von Weihnachten bewahren, können wir unsern Weg in einer wachsenden Gewissheit gehen und ans Ziel zu kommen.

Lied

Du bist, Herr, meine Licht und meine Freiheit (EG NB 575)
oder
Mir ist ein Licht aufgegangen (EG BT 639)

Fürbitten

Du hast uns zugesagt, Herr, dass du bei uns sein willst alle Tage bis an der Welt Ende. Aber es sind so viele Erfahrungen da, die uns an dieser Zusage zweifeln lassen. Und es sind so viele, die das nicht einsehen wollen oder können, was du zugesagt hast. Deshalb bitten wir dich heute besonders für die, die krank sind oder einen Kranken begleiten oder pflegen: Befreie sie von unerträglichen Schmerzen, von Hoffnungslosigkeit und Angst. Wir bitten dich für die Kinder und Jugendlichen, denen in ihrem sozialen Umfeld keine Zukunft eröffnet wird und die nicht die Liebe erfahren, die sie brauchen. Schick ihnen Menschen, die sich ihrer erbarmen und die sich für sie einsetzen. Wir bitten dich für die, die in der Fremde leben und sich abgewiesen und verachtet fühlen. Öffne ihnen Türen in eine gerechte Zukunft, in der wir alle miteinander Anteil gewinnen an Deinem Frieden.

Septuagesimae

Wir werden gebraucht

Eingangswort

Wenn wir uns Gott zuwenden, dann nicht als solche, die einen Anspruch auf seine Liebe haben oder ein Recht auf seine Aufmerksamkeit, sondern, wie es der Wochenspruch dieser Woche des Sonntags Septuagesimä formuliert: „Wir liegen vor dir mit unserm Gebet und vertrauen nicht auf unserer Gerechtigkeit, sondern auf deine großen Barmherzigkeit." (Dan 9,18)

LIED

Alles ist an Gottes Segen (EG 352)

PSALM

Gelobet seist du, Vater der Waisen und Mutter aller, die nichts zu sagen haben. Deine Sonne scheint auch auf unsern Schattenseiten.

Ich lebe – ist das nicht ein Wunder?
Ich bin noch da – ist das nicht ein Grund zum Freuen?
Wer wollte sich rühmen: Das ist mein Verdienst?
Und wer wollte sagen: Ich bin an allem schuld?
Der Tüchtige erkenne, wie viel ihm geschenkt ist,
und der Versager begreife die Größe der Barmherzigkeit.
Dein Haus, Gott, ist eine Schutzhütte,
wenn die Leute sich das Maul zerreißen.
Und deine bergende Wärme
bringt das Eis meines Hochmuts zum Schmelzen.
Niemand soll sich in die Verzweiflung abdrängen lassen, wenn ihm eine Hoffnung zerbricht.
Und wer meint, jeder sei sich selbst der Nächste,
begegnet mitten in seinem Alltag dem Bruder Christus.

Gelobet seist du, Vater der Waisen und Mutter aller, die nichts zu sagen haben. Deine Sonne scheint auch auf unsern Schattenseiten. (nach Ps 31)

Gebet

Guter Gott, wir müssen nicht brauchbar sein, damit du uns brauchen kannst. Und um bei dir anzufangen, ist es nie zu spät. Lass uns erkennen, wann es zu kämpfen gilt und wann den schon errungenen Sieg zu feiern, damit etwas von deiner Einladung zum Leben durch uns weitergegeben wird an die, die davon noch nicht erreicht wurden. Durch unsern Herrn Jesus Christus, deinen Sohn, der mit dir in der Einheit des Heiligen Geistes lebt und regiert von Ewigkeit zu Ewigkeit.

LIED

Herr, deine Güte reicht (EG 277)

LESUNG

Mt 20,1–16 Das Gleichnis von den Arbeitern im Weinberg

LIED

Es ist das Heil uns kommen her (EG 342)

Impulse zum Weiterdenken

In einer arbeitsteiligen Gesellschaft wie der unseren gehört es zu den Grundbedingungen eines funktionierenden Zusammenlebens, dass jeder einen gerechten Lohn für seine Arbeit bekommt. Solange die Menschen Jäger und Sammler waren oder, sesshaft geworden, ihr Einkommen aus der Landwirtschaft bezogen, gehörte das Risiko, trotz intensivem Einsatz leer auszugehen, zum Leben dazu. Da konnte nur der Sippen- oder Stammesverband für einen gewissen Ausgleich sorgen. Spätestens seit der industriellen Revolution im 18. und 19. Jahrhundert wissen wir aber, dass der gerechte Lohn keine Selbstverständlichkeit ist. Arbeitskraft unterliegt, wie die Ware, die sie produziert, dem Gesetz von Angebot und Nachfrage: Wenn das Angebot zu groß ist, sinkt der Preis. Deshalb muss die moderne Gesellschaft – wie früher die Sippe oder der Stamm – durch ihre Institutionen regulierend eingreifen, um die Verelendung einzelner zu verhindern.

Diesen komplexen Hintergrund muss man mitbedenken, wenn man in Bibeltexten auf das Wort „Lohn“ stößt. Manchmal wird ja ganz unbefangen davon gesprochen, dass einer für seine Taten von Gott entlohnt wird (z.B. Mt 10,41; Lk 6,23). Die gerade unter Evangelischen verbreitete Neigung, hier immer gleich das Prinzip „allein aus Gnade“ gefährdet zu sehen, muss sich prüfen, ob ihr Widerstand nicht aus ganz anderen Wurzeln erwächst: Die idealistische Anschauung, man solle das Gute nicht um Lohn, sondern um seiner selbst willen tun, setzt nämlich wie selbstverständlich eine materielle Existenzsicherung voraus, ist also, zugespitzt formuliert, eine Moral der Besitzenden.

Wenn wir uns dagegen klar machen, dass nichts selbstverständlich ist, hören Lohn und Gnade auf, unvereinbare Gegensätze zu sein. Beides sind Ausdrucksformen dessen, dass wir gebraucht werden – von Gottes Liebe. In ihr offenbart sich Gottes Gerechtigkeit.

LIED

Gott liebt diese Welt (EG 409)

Fürbitten

Du hast uns gesagt, dass du uns brauchen kannst und brauchen willst. Wir bitten dich für alle, die sich überfordert fühlen durch die Ansprüche derer, für die sie arbeiten und für die sie sich verantwortlich fühlen. Wir bitten dich für die, denen ihr gerechter Anteil an deinen Gaben vorenthalten oder weg genommen wird. Wir bitten dich aber auch für die, die Lebenschancen verteilen und deine Gaben verwalten. Und wir bitten dich für die, die in ihrem Bemühen um bessere und gerechtere Strukturen müde geworden sind oder das rechte Maß verloren haben, was Menschen zuzutrauen und zuzumuten ist. Sie alle, uns alle lass aus deinem Wort neue Maßstäbe gewinnen für ein gerechtes und liebevolles Miteinander, in dem jeder leisten kann, wozu er fähig ist, und die Anerkennung erfährt, die zu einem gesunden Selbstwertgefühl nötig ist.

Sexagesimae

Die Kraft des Wortes

Eingangswort

Viele Worte dringen an unser Ohr: Worte die uns eigentlich gar nicht meinen, Worte, die uns zum Kaufen oder verbrauchen verleiten wollen, Worte, mit denen wir dazu gebracht werden sollen, jemanden zu wählen, für jemanden zu spenden oder über jemanden Abträgliches weiter zu erzählen.

Das verführt uns, Worte nicht mehr ernst zu nehmen und – wie man sagt – auf Durchzug zu schalten. Dagegen ermahnt uns der Wochenspruch für den Sonntag Sexagesimä: „Heute, so ihr seine Stimme hören werdet, so verstockt eure Herzen nicht." (Hebr 3,15)

LIED

O Gott, du höchster Gnadenhort (EG 194)

PSALM

Öffne unsere Augen, Gott, für das Wunder deines Wortes und gib uns damit ein Ziel für das sehnsüchtige Suchen unserer Fragen.

Am Anfang war das Wort, das die Welt ins Leben rief,
in den verlässlichen Ordnungen des Kosmos begegnet uns deine Treue.
Jahrmillionen – zu benennen, aber unvorstellbar –
stehen für die Unumstößlichkeit deiner Wahrheit.
Alles, was lebt, ist Echo auf deinen Ruf: Es werde!
Auch das winzige Insekt ist Ausdruck deines Wortes.
Dass ich es wagen kann, einen Fuß vor den andern zu setzen,
verdanke ich deinem Zuspruch.
Und dass ich mich nicht verirre im Dickicht meiner Irrtümer,
verhindert allein deine unermüdliche Einladung.
Nur weil du mit mir redest, bin ich noch da;
und nur weil du mich gedacht hast, gibt es mich überhaupt.

Öffne unsere Augen, Gott, für das Wunder deines Wortes und gib uns damit ein Ziel für das sehnsüchtige Suchen unserer Fragen.
(nach Ps 119)

Gebet

Vater, du weißt: Auf uns ist kein Verlass. Und – ehrlich gesagt – wir wissen es auch. Und doch hast du dein rettendes und richtendes Wort in unsere Hände gelegt. Lass uns begreifen, dass es nicht unsere Kraft ist, die deinem Wort in unserm Mund Kraft gibt. Aber bewahre uns auch davor, leichtfertig mit deinem kostbaren Geschenk umzugehen und es nur in scheinbarer Ehrfurcht weiter zu reichen. Das bitten wir dich im Namen unseres Herrn Jesus Christus, der mit dir und dem Heiligen Geist lebt und regiert von Ewigkeit zu Ewigkeit.

LIED

Allein auf Gottes Wort will ich (EG 195)
oder
Gott hat das erste Wort (EG 199)

LESUNG

Lk 8,4–8.(9–15) Das vierfache Ackerfeld

LIED

Gottes Wort ist wie Licht in der Nacht
(Kanon; aus: Mein Kanonbuch, Düsseldorf 1986, Nr. 152)
und/oder
Herr für dein Wort sei hoch gepreist (EG 196)

Impulse zum Weiterdenken

Gott redet. Das steht in der Mitte seiner Offenbarung, das ist die Mitte der Erkenntnis, die schon im frühen Israel, als man noch ganz selbstverständlich von der Existenz anderer Götter ausging, Gott als etwas Besonderes, ja Unvergleichliches umschrieb. Gott redet, er sagt, was er will und was er nicht will. Die Zehn Gebote sind weltweit der bekannteste und weit über den religiösen Bereich bedeutendste Ausdruck dieses Wollens. Denn sie bilden nicht nur ein Grundelement jeder religiösen Erziehung unter Juden und Christen, sie bilden darüber hinaus einen wesentlichen Teil des Fundaments vieler Rechtssysteme und Verfassungen bis hin zu den Menschenrechten.

Im Neuen Testament entspricht diesem Reden Gottes, dass Jesus in seine Nachfolge ruft. Und die Verkündigung der Apostel, die von Jesus berufen und beauftragt wurden, bildet für uns Christen den zweiten Teil der Bibel.

Gott redet, das bedeutet aber auch: Beten heißt im Judentum und im Christentum nie nur Meditation, sondern immer Gespräch. Jedes Gebet ist auf seine Weise Antwort auf die Anrede Gottes. Man kann diese Anrede mit den ersten Seiten der Bibel in zwei Sätzen zusammen fassen: „Wo bist du?", fragt Gott Adam, als dieser sich nach dem Sündenfall versucht, vor Gott zu verstecken (Gen 3,9). Und „Wo ist dein Bruder?" fragt Gott Kain, nachdem dieser seinen Bruder Abel erschlagen hat (Gen 4,9). Alles Beten des Menschen ist in gewisser Weise Antwort auf diese beiden Fragen, Anreden Gottes. Auf die Frage „Wo bist du?" antworten wir, indem wir sagen, wie es um uns steht, klagend oder dankbar, fröhlich oder traurig, fragend oder voller Zuversicht. Und die Antwort auf die Frage „Wo ist dein Bruder?" macht aus unserm Beten die Fürbitte; denn indem wir uns klar machen, wie es den Menschen geht, die uns vor Gott einfallen, fangen wir wie von selbst an, Gott für diese Menschen zu bitten oder für sie zu danken.

Wer so seine Existenz, ja die ganze Welt vor Gott ausbreitet, merkt irgendwann: dass Gott redet, das betrifft nicht nur seinen Umgang mit dem Menschen, dass ist die Grundbedingung für alles, was ist. Deshalb heißt es in der Schöpfungsgeschichte: Und Gott sprach „es werde" und es ward. Himmel und Erde, Land und Meer, Licht und Dunkel, Pflanzen und Tiere, und am Ende und als Ziel des Ganzen auch der Mensch – alles verdankt seine Existenz einem Wort Gottes.

Deshalb versammelt sich die christliche Gemeinde – wie die jüdische – jede Woche um sein Wort. Denn wo sein Wort gegenwärtig ist, da ist er selbst, aber auch seine ganze Schöpfung gegenwärtig.

LIED

Herr, öffne mir die Herzenstür (EG 197)

Fürbitten

Gott, himmlischer Vater, du fragst uns: Wo ist deine Schwester? Wo ist dein Bruder? Wir merken, wenn wir deine Frage hören: Wir haben vergessen, uns nach ihnen umzusehen oder wir haben das, was uns von ihnen berichtet wurde, für nicht so wichtig gehalten. Wir bitten dich, vergib uns unsere Lieblosigkeit. Wir möchten uns ändern, wir möchten uns um unsere Geschwister im Glauben kümmern. Aber dann stellt sich prompt das Gefühl ein, wir wären damit überfordert oder könnten doch nichts ändern. Hilf uns, genau hinzusehen Und hilf uns, aus diesem Hinsehen Konsequenzen zu ziehen. Dann werden wir spüren, dass unsere Arme mehr tragen können, als wir ihnen zugetraut haben. Und unsere Geschwister werden merken, dass sie nicht im Stich gelassen sind und neuen Mut fassen. Bewahre uns davor, auf deine Frage mit Kain zu antworten: Soll ich meines Bruders Hüter sein.

Estomihi

Loslassen lernen

Eingangswort

In den kommenden Wochen werden uns die Texte der Gottesdienste wieder an die Leidensgeschichte Jesu erinnern. Wir möchten diesen Geschichten gerne ausweichen; denn der Gedanke an das Leiden ist uns unangenehm. Außerdem merken wir, dass wir an diesem Leiden nicht unbeteiligt sind. Der Wochenspruch dieser Woche des Sonntags Estomihi richtet unsern Blick aber auch darauf, dass Christus in diesem Leiden seine Sendung vollendete: „Sehet, wir gehen hinauf nach Jerusalem," sagt Jesus zu seinen Jüngern, „und es wird alles vollendet werden, was geschrieben ist durch die Propheten von dem Menschensohn." (Lk 18,31)

LIED

Lasset uns mit Jesus ziehen (EG 384)

PSALM

Sei mir ein starker Hort, Gott, wohin ich immer fliehen kann;
du hast mir zugesagt, mir zu helfen.

Es gibt etwas, worauf ich mich verlassen kann.
Das ist deine Anteilnahme, Herr.
Weder mein Glück noch mein Unglück sind verlässlich,
weder meine Fröhlichkeit noch meine Schwermut,
weder meine Leistung noch mein Versagen,
weder Sonne noch Finsternis.
Aber dass du in meiner Nähe bist, darauf ist Verlass.
dass du für mich eintrittst, dafür steht Jesus Christus ein.
Bring dich in Erinnerung, wenn ich dich vergessen habe,
mach dich bemerkbar, wenn alles zu zerbrechen scheint.
Dass ich neue Hoffnung schöpfe,
dass ich nicht vor einem sinnlosen Auf und Ab resigniere.
Dass ich mein Leid im Schatten deiner Passion erkenne
und meine Freude im Licht deiner Auferstehung.

Sei mir ein starker Hort, Gott, wohin ich immer fliehen kann; du hast mir zugesagt, mir zu helfen.
(nach Ps 31)

oder

Gott spricht: Ich habe dich zum Licht der Heiden gemacht, damit du das Heil seist bis an die Enden der Erde

Gott macht mein Leben hell und heil;
wovor sollte ich mich fürchten?
Er gibt meinem Leben Kraft;
wovor also noch zittern?
Alles, was mir böse will,
muss am Ende in sich selbst zusammenbrechen.
Und wenn ich auch manchmal meine,
nun geht es nicht mehr weiter,
ist doch tief in mir drinnen eine großen Gelassenheit.
Lass mich nicht ohne Antwort, Herr,
wenn ich nach dir rufe.
Du selbst hast gesagt: Ihr sollt mein Antlitz suchen!
Darauf berufe ich mich, das halte ich dir jetzt vor.
Du darfst dich jetzt nicht vor mir verbergen,
du kannst nicht auf deinem Zorn beharren.
Wer soll mir denn helfen,
wenn du es nicht tust?
Gott macht mein Leben hell und heil;
wovor sollte ich mich fürchten?
Er gibt meinem Leben Kraft;
wovor also noch zittern?

Gott spricht: Ich habe dich zum Licht der Heiden gemacht, damit du das Heil seist bis an die Enden der Erde.
(nach Ps 27)

Gebet

Vater im Himmel, vor dir werden wir daran erinnert, dass wir nicht allein auf der Welt sind. Vor dir fallen uns nicht nur die Reichen ein, die wir beneiden, sondern auch die Armen, die wir vergessen. Vor dir wird uns klar, dass Wohlstand nicht reich, sondern arm macht, arm an Fantasie, arm an Mitgefühl, arm an Lebenserfüllung. Lehre uns darum die neue Art des Fastens, die auf Wohlverdientes verzichten kann, um nicht zu verarmen, damit wir in dir reich werden. Wir bitten dich durch unsern Herrn Jesus Christus …

Lied

So jemand spricht: Ich liebe Gott (EG 412)

Lesung

Mk 8,31–38 Jesus kündigt sein Leiden an

Lied

Ein wahrer Glaube Gotts Zorn stillt (EG 413)

Impulse zum Weiterdenken

Die Texte dieses Sonntags richten den Blick auf die Passion Jesu. Wir können diesen Blick nur aushalten, wenn wir uns ehrlich Rechenschaft ablegen, wie unser Leben vor diesem Hintergrund zu beurteilen ist. Niemand leidet gern, auch Jesus nicht. Und wir tun uns und anderen keinen Gefallen, wenn wir den Helden spielen oder uns in selbstmitleidigen Erzählungen baden. Aber vielleicht hilft es uns weiter, wenn wir uns angesichts der Treue Jesu zu seinem Weg der Liebe und des Vertrauens unsere Unzuverlässigkeit vor Augen führen. Oberflächlich betrachtet scheint das Leben ein unablässiges Auf und Ab von Momenten des Glücks und Erfahrungen von Schmerz und Verlust zu sein. Aber in Wahrheit sind wir diejenigen, die durch ihren Wankelmut, ihre Vergesslichkeit oder ihre Trägheit bewirken, dass Menschen enttäuscht, verletzt oder benachteiligt werden. Natürlich nicht ständig und überall, und selbstverständlich lassen sich nicht alle Leidenssituationen unmittelbar auf falsche Entscheidungen anderer Menschen zurückführen. Aber die Beschäftigung mit der Passion Jesu ist ein bewährtes Mittel, sich die verschiedenen beteiligten Personen – von Petrus bis zu Pilatus – als Spiegel vorzuhalten und über das nachzudenken, was die kirchliche Überlieferung mit Sünde und Vergebung umschreibt.

oder

Gott macht mein Leben hell und heil: Nur bei Licht können wir sehen und nur wenn wir etwas einsehen, kann die Änderung erfolgen, die den Schaden behebt. So wie das Gehorchen das Hören voraussetzt, so müssen wir eine Situation bei Licht betrachten können, um eine Lösung einzusehen und das Richtige, das zu Recht bringende zu tun. Es gehört deshalb zu den Verheißungen der kommenden Gottesherrschaft, dass „die Augen der Sehenden … nicht mehr blind sein (werden), und die Ohren der Hörenden … aufmerken (werden)“ (Jes 32,3). Entsprechend wird Jesus als Bringer dieses Gottesreiches erkannt, wenn er einen Blinden sehend macht oder einem Tauben die Ohren öffnet (Mk 7,31ff; 10,36ff).

Der Psalmbeter erinnert sich an die Aufforderung Gottes: Ihr sollt mein Antlitz suchen. Wer Gottes Antlitz sucht, sucht, was Gott wohlwollend betrachtet und wogegen er ansieht. Gottes Angesicht kann in der Bibel geradezu zum Synonym für seinen Zorn (Ps 34,17) oder seinen Segen (Num 6,26) werden. Wir kennen das aus der Eltern-Kind-Beziehung: Kindern lernen von Vater oder Mutter, indem sie die Dinge mit deren Augen sehen. Entsprechendes gilt von den Kindern Gottes: Im Unterschied zu den Sklaven/Knechten, die nur einen blinden Gehorsam kennen, d.h. die gehorchen, ohne zu erkennen oder zu verstehen, warum ihnen dieser Auftrag gegeben wird, ist der Gehorsam der Kinder ein sehender und verstehender. „Welche der Geist Gottes treibt, die sind Gottes Kinder" (Röm 8,14), als seine Kinder haben wir Anteil an seinem Geist, d.h. seiner Erkenntnis. Freilich nicht im Sinne einer Verfügungsmacht, sondern im Glauben, der sich an dem Sohn Gottes ausrichtet. Wir bleiben Menschen, die immer wieder Angst haben; denn wir leben noch im Schatten des Todes. Aber wir brauchen uns nicht mehr zu fürchten; denn der Auferstandene hat uns bereits sein Leben geschenkt.

LIED

Liebe, du ans Kreuz für uns erhöhte (EG 415)

Fürbitten

Du hast diese Welt nicht aus deinem Gedächtnis gestrichen, sondern ihr Leben zugesagt, Gott. Wir danken dir. An vielen Orten herrschen Gewalt, Unrecht und Tod. In Jesus Christus hast du das am eigenen Leibe erfahren. Wir bitten dich: Lass uns nicht versinken in Brutalität und Hoffnungslosigkeit. Öffne uns die Augen dafür, was deine Liebe will und kann, damit auch wir deine Entfeindungsliebe üben. Lass deine Gemeinden, deine Kirchen Orte sein, an denen um Frieden gerungen und gebetet wird und an denen Menschen miteinander den Frieden einüben, der in deinen Schalom mündet.

Invocavit

Nein sagen können

Eingangswort

Am Anfang der Passionszeit werden wir an die Versuchung Jesu durch den Teufel erinnert; denn jedes Leiden enthält immer den Keim der Versuchung, Gott abzusagen. Der Wochenspruch hält dagegen: „Dazu ist erschienen der Sohn Gottes, dass er die Werke des Teufels zerstöre." (1Joh 3, 8b)

LIED

Komm, o komm du Geist des Lebens (EG 134)

PSALM

Gott spricht: Er ruft nach mir; darum will ich ihn erhören; ich bin bei ihm in der Not; ich will ihn herausreißen und zu Ehren bringen.

Die Zusagen Gottes geben mir Geborgenheit,
wie sie die Küken unter den Flügeln der Henne finden.
In seinem Wort finde ich Zuflucht vor der Unzuverlässigkeit menschlicher Parolen.
Gefährdungen umschleichen mich von allen Seiten,
und oft genug scheine ich ihnen hoffnungslos ausgeliefert.
Aber dann erfahre ich, dass ich wohl den Rand meines Kleinglaubens überschritten habe,
aber noch lange nicht das Fundament deiner Wahrheit, Gott.
Du hast deine Boten angewiesen, keinen von uns aus den Augen zu lassen;
und wer aus seinen Sicherheiten herausfällt,
landet in deinen am Kreuz ausgebreiteten Armen.
Was mir unerträglich scheint, ist von dir getragen
und die Wege zwischen uns sollen so eben werden, dass niemand mehr stolpern muss.

Gott spricht: Er ruft nach mir; darum will ich ihn erhören; ich bin bei ihm in der Not; ich will ihn herausreißen und zu Ehren bringen. (nach Ps 91)

Gebet

Herr Gott, himmlischer Vater, du hast deinen Sohn zu uns in die Welt geschickt, damit er die Macht der Versuchung entlarve und breche. Gib uns von seinem Geist, damit auch wir Kraft und Mut aufbringen, Widerstand zu leisten gegen die verführerischen Angebote des Bösen in uns und um uns. Wir möchten so gerne frei sein für das Gute. Hilf uns, nein zu sagen zu dem, was uns nur für den Augenblick gut tut. Durch ihn, unsern Herrn Jesus Christus, deinen Sohn, der mit dir in der Einheit des Heiligen Geistes lebt in göttlicher Freiheit von Ewigkeit zu Ewigkeit.

oder

Barmherziger Gott, du hast in Christus mit uns gelitten. Wir dürfen auf dein Mitleid setzen. Du hast in Christus für uns gelitten. Unser Leiden ist für dich kein Grund, zu uns auf Abstand zu gehen. Du hast in Christus an uns gelitten. Wenn wir an deiner Abwesenheit leiden, bist du uns ganz nahe. Hilf uns, deinen Weg zum Kreuz als Weg zu erkennen, auf dem du uns entgegenkommst. Mach uns mutig und stark, auf dich zu sehen und dir zu folgen ins Leben.

LIED

Herr Christ, dein bin ich eigen (EG 204)

LESUNG

Mt 4,1–11 Jesus wird in der Wüste versucht

LIED

Ein feste Burg ist unser Gott (EG 362 (2))

Impulse zum Weiterdenken

Nein sagen können – nicht nur die von dieser oder jener Sucht Besessenen wissen, wie schwer das ist. Der Versucher kennt viele Möglichkeiten, uns zum Mitmachen zu verführen. Oft genug ist dazu nicht einmal ein ausdrückliches Ja von uns vonnöten, der Weg hinter ihm her muss gar nichts besonders Verlockendes, geschweige denn Schillerndes an sich haben, er scheint nur schlicht weiter geradeaus zu gehen – und ist doch der Anfang eines Abweges. Jede(r) von uns mag sich hier ein paar Minuten Zeit nehmen, seine eigene Lebenswirklichkeit auf solche Gefahren zu überdenken.

Das Evangelium des Sonntags erzählt die Geschichte von der Versuchung Jesu, die sich, so Matthäus, unmittelbar nach der Taufe ereignet. Derselbe Geist, der bei der Taufe über ihn kommt und ihn als Gottes Sohn proklamiert, führt Jesus anschließend in die Wüste, damit (!) er vom Teufel versucht würde (Mt 3,13–17. 4,1). Der erschienen ist, „um die Werke des Teufels zu zerstören" (1Joh 3,8), muss die Versuchung des Bösen zunächst in sich selber überwunden haben. Nur so kann er mir die Geborgenheit vor allen möglichen Gefährdungen gewähren. Ich höre daraus aber auch: Getauftsein und Glauben sind keine Versicherung, die das Auftreten einer Versuchung unterbinden. Fast bin ich versucht zu sagen: Im Gegenteil; manches Verhalten oder Erstreben wird erst dadurch zur Versuchung, dass ich glaube, sei es, weil mir dadurch ein höherer Grad von Verantwortung zugefallen ist, oder sei es, weil ich sensibler registriere, was von Gott wegführt.

Der Schutz, den das Küken unter den Flügeln der Henne findet, bedeutet also nicht, dass mich nichts mehr treffen kann, wohl aber, dass ich, wie oft und wie tief ich auch falle, mir der Weg unter diese Flügel immer offen steht.

Deshalb hat Luthers „Ein feste Burg ist unser Gott" als Wochenlied in dieser Woche auch seinen richtigen Platz gefunden. Aus diesen Strophen spricht ja in Wahrheit nicht die stolze Gewissheit eines Menschen, der sich im Recht weiß, sondern die zitternde Hoffnung von einem, der wieder einmal erfahren musste, dass „mit unserer Macht" wirklich „nichts getan" ist; denn die Welt ist tatsächlich voller Teufel und sie können einem alles nehmen – nur dies eine nicht, dass einer, der Eine, sagt: Den nicht! Der gehört mir!

Dieser ursprüngliche Klang und Sinn von Martin Luthers Lied kommt übrigens in der Originalmelodie ungleich stärker zum Ausdruck als in der „späteren Form", die sich nicht von ungefähr den spöttischen Titel „Protestanten-Marseillaise" zugezogen hat. Es lohnt die Mühe, sich mit den ungewohnten Rhythmen und Schleifen des Originals vertraut zu machen; man bekommt dadurch auch Zugang zu dem ursprünglich Gemeinten.

LIED

Ein feste Burg ist unser Gott (EG 362,1)

Fürbitten

Wir freuen uns, guter Gott, dass wir in deinem Namen beieinander sind, dass wir Herz und Mund auftun können zu deinem Lob. Aber wir wollen vor dir auch die nicht vergessen, die dich in dieser Stunde vielleicht viel nötiger brauchen als wir, die in Angst und Einsamkeit sind, in Not und Schrecken, und niemand scheint da, ihnen zu helfen. Wir rufen zu dir:

Herr, erbarme dich, Christus erbarme dich, Herr, erbarme dich! (EG 178,10) Ich denke an den jungen Mann, der gestern wieder nur Absagen im Briefkasten fand auf seiner Suche nach einem Arbeitsplatz, der ihn ernährt und ausfüllt. Wie kann es gelingen, dass die, die Arbeit haben und oft genug mehr, als sie leisten können, an jene abgeben, die danach verlangen? Gib uns den Mut, anspruchsvoller zu werden in unserer Suche nach Gerechtigkeit und bescheidener in unserer Erwartung von Bequemlichkeit. Wir rufen zu dir: Herr erbarme dich, Christus erbarme dich, Herr erbarme dich! (EG 178,10) Ich denke an die Frau, die gerade erfahren hat, dass ihr Tumor bösartig ist. Wie können die Menschen, die bei ihr sind, die Freiheit gewinnen, mit ihr offen und einfühlsam über ihre Krankheit zu sprechen? Gib uns den Mut, die dunklen Seiten nicht auszuklammern aus unserm Leben, sondern alles, Freuden und Sorgen, ins Licht deiner Barmherzigkeit zu bringen. Wir rufen zu dir: Herr erbarme dich, Christus erbarme dich, Herr erbarme dich! (EG 178,10)

Reminiscere

Der längere Atem

Eingangswort

Christsein heißt: Gottes Gebote halten und der Nächstenliebe Jesu gehorchen. Wir lassen uns von Gott sagen und zeigen, was zu tun ist, wir sind seine Mitarbeiter. Aber das bedeutet nicht, dass wir etwas beitrügen zu Gottes Heilshandeln, weder durch unser Tun noch durch unsern Glauben. Der Wochenspruch für den Sonntag Reminiscere ist da ganz eindeutig: „Gott erweist seine Liebe zu uns darin, dass Christus für uns gestorben ist, als wir noch Sünder waren“ (Röm 5,8).

LIED

Jesus ist kommen, Grund ewiger Freude (EG 66)

PSALM

Denk doch an deine Barmherzigkeit, Herr, und an deine Nachsicht, die du erwiesen hast, solange es Menschen gibt.

Nach dir, Herr, strecke ich mich aus,
allein das Warten auf dich trägt mein Leben.
Lass mich in meinem Vertrauen nicht zum Gespött werden,
dass die Neunmalklugen sagen können:
Das hat er nun davon!
Niemand geht verloren, der sich auf dich verlässt.
Auch wenn ich ins Unendliche falle, falle ich in deine Hand.
Lass dich an deine Zusage erinnern, zu verzeihen
und die schon verhängte Strafe nicht zu vollziehen.
Schau nicht auf meine leeren Hände,
auch nicht auf die lange Liste derer, denen ich etwas schuldig geblieben bin.
Schau allein auf dein Versprechen, zu erretten,
und die Bereitschaft, neu zu beginnen,
die ohne Grenzen ist.

Denk doch an deine Barmherzigkeit, Herr, und an deine Nachsicht, die du erwiesen hast, solange es Menschen gibt.
(nach Ps 10)

Gebet

Herr, wir haben die Dinge nicht in der Hand, weil wir uns nicht in der Hand haben. Darum sind wir so machtlos gegen das Böse in uns und um uns. Wir bitten dich: Breite deine Hände aus, über uns und unter uns, dass wir darunter Schutz finden, wohin wir auch gehen, und dass wir, wie tief wir auch fallen, von dir aufgefangen werden. Durch unsern Herrn Jesus Christus ...

LIED

Wenn wir in höchsten Nöten sein (EG 366)

LESUNG

Mk 12,1–12 Das Gleichnis von den bösen Weingärtnern

LIED

Solang es Menschen gibt auf Erden (EG 427)

Impulse zum Weiterdenken

„Lobe den Herrn, meine Seele, und vergiss nicht, was er dir Gutes getan hat", beten wir im 103. Psalm. Aus dieser Erfahrung heraus, dass wir etwas wie selbstverständlich haben und genießen und gar nicht mehr darüber nachdenken, wie wir dazu kommen – aus dieser Erfahrung heraus wendet sich der Psalmbeter an Gott: „Denk doch an deine Barmherzigkeit", vergiss doch nicht, dass du mir Barmherzigkeit erweisen wolltest. Eine gewagte Übertragung. Gott ist schließlich kein Mensch, dessen Gedächtnis genauso lückenhaft ist wie seine übrigen Eigenschaften. Aber der Beter wagt so zu reden, weil er um seine begrenzten Kräfte weiß, auf Gottes Güte zu warten. Er bittet Gott, ihm entgegen zu kommen, weil er aus Erfahrung weiß: Eine Anstrengung, die sich gelohnt hat, motiviert zu neuer Arbeit. Und: Wenn Gott auch nur scheinbar denen nicht zu Hilfe kommt, die auf ihn setzen, dann sehen die Gottesleugner darin einen Beweis für ihren Unglauben; und das Vertrauen des Frommen wird noch mehr belastet.

Das Evangelium für diesen Sonntag ist das Gleichnis von den bösen Weingärtnern. Sie meinen, ihr Glück steigern zu können, wenn sie über das hinaus, was ihnen zum eigenen Nutzen anvertraut wurde, auch das festhalten, was dem Herrn des Weinbergs gehört. Das Gleichnis endet mit der offenen Frage: Was wird der Besitzer tun? (V9a) – nach allem, was die Pächter getan haben. V9b muss als Antwort der Zuhörer Jesu gelesen werden. Wer in dem Glauben lebt, dass jeder sein Teil dazu beitragen muss, dass Gott ihn annimmt, kann sich Gott nur so vorstellen, dass er enttäuscht zurückschlägt, wenn man ihm wehtut. Wer dagegen in

Jesus den Sohn erkennt, der sich totschlagen lässt und die Gier der Arbeiter damit ins Leere laufen lässt, findet zurück zu dem Gebet: „Denk doch an deine Barmherzigkeit ... und die Bereitschaft, neu zu beginnen, die ohne Grenzen ist".

LIED

Komm in unsre stolze Welt (EG 428)

Fürbitten

Immer wieder gibst du uns neues Leben, Gott, neue Möglichkeiten, an deiner Schöpfung mitzuarbeiten und sie zum Wohl aller zu bebauen und zu bewahren. Wir danken dir dafür. Aber wir wollen in solchem Danken auch die nicht vergessen, die ins Stolpern gekommen sind und nicht wissen, wie sie wieder Tritt fassen sollen:

Ich denke an den Mann aus Eritrea, den sie beim Ladendiebstahl ertappt haben und der nun im Gefängnis auf seine Auslieferung wartet, eine Auslieferung in den Krieg. Wie können wir in unserm Land Verhältnisse schaffen, die Fremden genauso eine Chance geben wie Einheimischen? Lass uns, die Christen, den Politikern deutliche Worte sagen, damit nicht mehr mit der kindischen Angst vor dem Unbekannten Politik gemacht wird, sondern mit der entschlossenen Suche nach Gerechtigkeit. Wir rufen zu dir:

Herr, erbarme dich, Christus erbarme dich, Herr erbarme dich! Ich denke an das junge Mädchen, das nicht mehr richtig isst und besessen scheint von der Sehnsucht, schlank zu sein. Wie können wir wahrhaftige Leitbilder schaffen, die unserer Jugend nicht durch ihr Aussehen nachahmenswert erscheinen, sondern durch das, was sie sich vornehmen und wofür sie sich einsetzen? Gib uns die Freiheit, nicht auf eitlen Glanz zu setzen, sondern auf Liebe und Solidarität. Wir rufen zu dir: Herr, erbarme dich, Christus erbarme dich, Herr erbarme dich! Ich denke an den Mann, dem alle sagen, er müsse kürzer treten, aber er weiß nicht, wo er anfangen soll. Wie können wir Menschen entlasten, ohne ihre falschen Ziele fortzuschreiben? Wie können wir die eigene Bequemlichkeit überwinden, die andere in die Enge treibt? Gib uns einen klaren Blick für die Aufgaben, die erledigt werden müssen und für die Möglichkeiten, sie gerecht auf viele Schultern zu verteilen. Wir rufen zu dir: Herr, erbarme dich, Christus erbarme dich, Herr erbarme dich! Du bist in deinem Sohn Jesus Christus Teil unserer Geschichte des Scheiterns geworden, damit wir durch ihn Anteil gewinnen an der Geschichte des ewigen Lebens, die er uns durch seine Auferstehung eröffnet hat.

Oculi

Mit offenen Augen

Eingangswort

Man kann etwas sehr genau in den Blick nehmen und aufmerksam betrachten: Wer dabei in die falsche Richtung schaut, dem nützt die größte Hellsichtigkeit und der gründlichste Durchblick nichts; er wird scheitern. Der Wochenspruch für den Sonntag Oculi macht das am Beispiel eines pflügenden Bauern deutlich: „Wer seine Hand an den Pflug legt und sieht zurück, der ist nicht geschickt für das Reich Gottes" (Lk 9,62)

LIED

Die güldne Sonne voll Freud und Wonne (EG 449)

PSALM

Meine Augen sind auf dich gerichtet, Herr; Blickkontakt sucht meine Seele, um deiner Liebe gewiss zu werden.

Die Augen des Herrn merken auf die Gerechten,
bekennt der Beter des Alten Bundes.
Kennt er meine Erfahrung nicht,
dass der Himmel meiner Gebete leer ist?
Weiß er nichts von vergeblichen Versuchen,
zerbrochene Gemeinschaft zu heilen
und verbitterte Herzen zu trösten ?
Liebe beginnt mit dem Sehen,
aber sie erschöpft sich nicht darin,
nicht mitansehen zu können.
Liebe lebt nicht aus der Angst,
das Bild der Not nicht zu ertragen;
Liebe lebt von der Hoffnung,
dass es da mehr zu entdecken gibt,
als der erste Augenschein hergibt.
Die Augen des Herrn merken auf die Gerechten!
Diese Augen sehen mehr als die Gerechtigkeit,
die wir zustande bringen;
denn sie nehmen nicht nur wahr, was ist,
sondern sie machen wahr, was werden soll.

Meine Augen sind auf dich gerichtet, Herr; Blickkontakt sucht meine Seele, um deiner Liebe gewiss zu werden.
(nach Ps 34)

Gebet

Herr Jesus Christus, du bist den Weg der Passion, den Weg des Leidens, gegangen und rufst uns auf, dir zu folgen. Überwinde in uns die Angst, die im Verzichten nur die Minderung des Glücks sieht und nicht die Freiheit aus den Fesseln unserer Bequemlichkeit. Schenke uns die Erfahrung eines erfüllten Lebens in deiner Nachfolge. Du lebst ja Kraft deines Leidens in der Einheit des Geistes mit dem Vater von Ewigkeit zu Ewigkeit.

oder

PSALM

Meine Augen sollen dich leiten, spricht der Herr, und dir den Weg zeigen, den du gehen kannst.

Die Augen des Herrn sind offen über denen, die ihn brauchen,
und seine Ohren vernehmen ihren Hilferuf.
Ans Herz geht ihm, wessen Herz gebrochen ist,
und die zerschlagen sind, tun ihm weh.
Nicht nur die Bösen trifft das Leid,
Gott selbst leidet an der Seelenlosigkeit der Gleichgültigen.
Darum ist er jedem nahe, der nicht weiter weiß,
und spricht frei, wer sich in Vorwürfen gefangen hat.

Meine Augen sollen dich leiten, spricht der Herr, und dir den Weg zeigen, den du gehen kannst.
(nach Ps 34,16ff)

Gebet

Dass wir dir nachfolgen, hast du dir gewünscht, Herr. Dass wir dazu frei genug sind, ist unser Problem. Hilf, dass wir den Maßstab für Kleines und Großes nicht bei denen suchen, denen alles gleichgültig ist. Mach uns zu lebendigen Wegweisern zu deiner Freiheit, ohne Verdienst zu lieben. Der du gestorben und auferweckt bist zu einem neuen Leben bei uns in Ewigkeit. Amen.

LIED

Jesu geh voran auf der Lebensbahn (EG 391)

LESUNG

Lk 9,57–62 Vom Ernst der Nachfolge

LIED

Wenn meine Sünd mich kränken (EG 82)

Impulse zum Weiterdenken

Die Passionszeit und die Passionsgeschichte(n) sind nicht vorstellbar ohne die vielen Bilder, die es von diesem Leidensweg Jesu gibt. Immer wieder haben sich Künstler daran versucht, in dem Wissen, dass wir gerade da hinsehen lernen müssen, wo wir gerne wegsehen möchten. Im Gegenzug hat es immer wieder Proteste gegen diese Bilder gegeben und die Versuche, die Darstellung des Gekreuzigten z.B. aus öffentlichen Gebäuden wie Schulen oder Krankenhäusern zu entfernen, reichen bis in unsere Gegenwart.

Dagegen richtet der Psalmbeter seine Augen sehr bewusst auf Gott; denn er weiß, dass er nur von dort Gewissheit erhalten kann für die ihn tragende Hoffnung. Das aus dem Indogermanischen stammende Wort „Schmerz“ hat im Griechischen seine Entsprechung in dem Eigenschaftswort „hässlich, schrecklich“: Es gibt also gute Gründe, die Augen vor dem Schmerz zu verschließen. Ein schönes Bild von der Passion bzw. der Kreuzigung wäre ein Widerspruch in sich selbst. Eine Liebe, die nur das Schöne am andern liebt, aber alsbald zerbricht, wenn diese Schönheit verletzt oder von Schmerzen verzerrt wird, wäre keine wirkliche Liebe; das *sieht* jeder „ein“.

Im Evangelium hat Lukas Szenen zusammengefasst, die jede auf ihre Weise deutlich machen: Es gibt keinen *Schönwetter-Glauben.* Schon bevor Jesus seinen Gegnern in die Hände fällt, ist sein Weg von Entbehrungen und vom Verzicht auf jene Sicherheiten gezeichnet, mit denen wir unsern Alltag ausstaffieren. Entsprechende Zumutungen kann der deshalb auch denen nicht ersparen, die ihm nachfolgen. Wer sein Leben unter den Augen Gottes führen will und das Grundvertrauen sucht, was daraus erwächst, muss lernen, das in den Blick zu nehmen, was Gott nicht aus dem Auge lässt.

LIED

Von dir, o Vater, nimmt mein Herz (Text: Johann Caspar Lavater 1771, Melodie: Wenn wir in höchsten Nöten sein [Nr. 366, EG W 622])

Fürbitten

Gott, in deinem Sohn Jesus Christus, in seinem Leben für andere, seinem Leiden für uns, seinem Tod für die Welt hast du uns das Wunder zugänglich gemacht, heil zu werden: in der Freiheit vom Streben nach Macht und Erfolg, in der Großzügigkeit, auf Verdientes zu verzichten, in der Unbefangenheit, sich nach andern Maßstäben zu richten. Wir bitten dich um dieses Heil für uns alle, insbesondere aber für die, die lernen müssen, sich mit beschränkten Möglichkeiten abzufinden: für die Eltern, deren Kind den erwünschten Abschluss nicht schafft; für die Jugendlichen, die nicht in den angestrebten Beruf hineinkommen; für die Alleinstehenden, die keinen Partner fürs Leben finden; für die kinderreiche Familie, in der einer auf den andern Rücksicht nehmen muss; für die einzelnen und Gruppen, die in ihrer unsicheren Suche nach neuen Formen des Lebens und Glaubens hilflos dem demonstrativen Reichtum der Tradition gegenüber stehen. Sie erfahren ja stellvertretend für uns alle, dass Freiheit nur aus dem Loslassen kommt. Denen aber unter uns, deren Leben mehr von dem Vorhandenen bestimmt ist als dem Vorenthaltenen, gib ein dankbares Herz und eine offene Hand, damit wir unsern Wohlstand nicht für das Leben und ihre Armut für ihr Schicksal halten.

Fruchtbares Leiden

Eingangswort

Aus unserer Erfahrung mit der Natur wissen wir das alle, was uns der Wochenspruch für diese Woche des Sonntags Laetare in Erinnerung ruft: „Wenn das Weizenkorn nicht in die Erde fällt und erstirbt, bleibt es allein; wenn es aber erstirbt, bringt es viel Frucht“ (Joh 12,24). Aber sind wir auch bereit, der Wirklichkeit ins Auge zu sehen, für die dieses biblische Bild steht?

LIED

Das Weizenkorn muss sterben (Text: Lothar Zenetti 1971, Melodie: Johann Lauermann 1972 EG HN 579)

PSALM

Freue dich, Erde! Lobet, ihr Berge, mit Jauchzen! Denn der HERR hat sein Volk getröstet und erbarmt sich seiner Elenden.

Ich will mich freuen, Herr.
Alles soll durchdrungen sein von dieser Freude.
Nicht, weil ich so vergnügt bin.
Nicht, dass ich gerade besonders Glück gehabt hätte.
Wenn ich darüber nachdenke,
ist sogar vieles da,
was mir die Freude verbietet.
Aber ich will mich freuen – trotzdem!
Ich will mich ausstrecken nach deiner Freude,
die alles Verstehen übersteigt.
Ich will, was unten ist, unten lassen,
mich ausstrecken nach deinem Anruf,
der von oben kommt, hoch über mir,
hoch oben vom Kreuz:
Laetare – freu dich!

Freue dich, Erde! Lobet, ihr Berge, mit Jauchzen! Denn der HERR hat sein Volk getröstet und erbarmt sich seiner Elenden.
(nach Ps 84)

Gebet

Allmächtiger Vater, wir haben verlernt, uns über deine Vergebung zu freuen, weil wir verlernt haben, über unsere Schuld zu erschrecken. Und doch brauchten wir keine fünf Minuten, um uns klar zu machen, was wir an einem einzigen Tag alles schuldig geblieben sind, dir und den andern. Schenk uns dazu den Mut, die Ehrlichkeit und das Vertrauen auf deinen Freispruch durch unsern Herrn Jesus Christus, der mit dir und dem Heiligen Geist lebt und regiert von Ewigkeit zu Ewigkeit.

LIED

Korn, das in die Erde (EG 98)

LESUNG

Joh 12,20–26 Jesus wird in seiner Passion verherrlicht

LIED

Jesu meine Freude (EG 396)

Impulse zum Weiterdenken

„Das kleine Ostern" nennt die Sprache der Liturgie diesen Sonntag: Mitten in der Zeit des Nachdenkens über das Leiden Jesu und seine Ursache soll deutlich werden: Es ist nicht die Lust der Christen am Sauertöpfischen, die uns veranlasst, über eine so lange Zeit auf das alltäglich Vergnügliche zu verzichten. Die Passion Jesu ist Teil unseres Glaubens, weil sie ihn fruchtbar macht. Und das ist Grund zur Freude.

In Jesu Wort „Ich bin das Brot des Lebens" (Joh 6,48) wird das unmittelbar anschaulich. Brot gewinnen wir ja aus dem Weizenkorn, das im Boden „erstorben ist" und dadurch Frucht brachte. Diese Frucht muss wiederum zerstört, nämlich gemahlen werden und der Teig muss säuern, damit daraus – im glühend heißen Ofen! – Brot wird. Und dieses Brot müssen wir „brechen", d.h. zerstören, wenn es nicht als schöner Besitz eines Einzelnen im Schrank liegen – und dort über kurz oder lang ungenießbar werden –, sondern die Menschen sättigen soll, unter die es verteilt wird. Diese müssen dann jeder für sich das Teil, das er erhalten hat, kauen und verdauen, damit sie daraus neue Kraft gewinnen für ihre Arbeit. Passion und Abendmahl stehen also nicht nur in einem zeitlichen Zusammenhang, der auch anders sein könnte, sondern sind von der Sache her mit einander verbunden. Dieses sollte in der Abendmahlsliturgie auch sichtbar zum Ausdruck kommen, indem der Liturg die Einsetzungsworte mit Blick auf die Gemeinde spricht und an der Stelle „dankte und brachs" auch erkennbar eine (möglichst größere) Hostie durchbricht. Der Zusammenhang wird dann vollends deutlich, wenn man in dem folgenden Deutewort nicht mit der Lutherbibel „gegeben“, sondern „gebrochen“ übersetzt – „das ist mein Leib, der für euch gebrochen wird „ (1Kor 11,24); im griechischen Originaltext fehlt da ein Verb, man muss es ohnehin aus dem Zusammenhang sinngemäß ergänzen.

LIED

Er ist das Brot (EG 228)

Fürbitten

Herr, guter und gerechter Gott, wir danken dir für das tägliche Brot, mit dem du uns das Leben schenkst und erhältst. Dabei verkennen wir nicht, dass unser tägliches Brot noch den täglichen Hunger von Millionen Menschen bedeutet. Weil wir mehr verlangen, als nur satt zu werden, haben andere zu wenig, um satt zu werden. Wir möchten das ändern; darum rufen wir zu dir:

Kyrie eleison.

Wir danken dir für die Möglichkeiten, den Hungrigen in der Welt zu helfen. Vielen von uns fällt es leicht, von ihrem Überfluss abzugeben. Und immer mehr entdecken in der Hilfe zur Selbsthilfe eine lohnende Aufgabe. Dabei verkennen wir nicht, dass unsere Entwicklungshilfe nur einen Bruchteil dessen zurückgibt, was wir von den Armen bekommen. Rohstoffe, die unsere Waren billig machen; Zinsen, die unsern Geldwert erhöhen. Weil wir zu träge sind, aus solchen Zusammenhängen Folgerungen zu ziehen, geraten gute Ansätze der Hilfe ins Zwielicht. Wir möchten das ändern; darum rufen wir zu dir:

Kyrie eleison.

Wir danken dir für das Brot des Lebens, das du uns schenkst in dem guten Wort des Evangeliums. Dabei verkennen wir nicht, dass aus diesem Evangelium manchmal Worte gemacht werden, die nicht wachrütteln, sondern nur ‚erwecken‘, die erbaulich sind, aber nichts aufbauen, die richtig sind, aber nicht richtungsweisend. Weil wir oft zu satt sind für das Brot des Lebens, bleibt es anderen verschlossen. Wir möchten das ändern; darum rufen wir zu dir:

Kyrie eleison.

Judica

Anwalt des Lebendigen

Eingangswort

Oben und unten, herrschen und gehorchen – das scheinen die unveränderbaren Koordinaten unseres Zusammenlebens zu sein. In schneidendem Gegensatz dazu formuliert Jesus, was als Gesetz des Reiches Gottes heute schon gilt, wo er im Mittelpunkt steht: „Der Menschensohn ist nicht gekommen, dass er sich dienen lasse, sondern dass er diene und gebe sein Leben zu einer Erlösung für viele" (Mt 20,28), sagt der Wochenspruch für Judica.

LIED

Er weckt mich alle Morgen (EG 452)

PSALM

Richte mich, Gott, schaffe mir Recht, Gott, und führe du meine Sache; zu zahlreich sind die Stimmen und zu mächtig die Gefühle, die mich verklagen.

Hier in der Stille wird mir erst bewusst,
wie laut meine Seele um Hilfe schreit:
Gegen den Druck derer, die mir rücksichtslos zusetzen;
die nur an ihren Vorteil denken und kein Gespür haben für die Grenzen meiner Belastbarkeit.
Hier in der Freiheit deiner Barmherzigkeit beginne ich zu ahnen,
wie unbarmherzig ich mit mir selber bin.
Wie brutal ich die Schwächen nieder prügele,
die nicht zu dem Bild passen, das ich gern von mir hätte.
Hier unter deinem Wort merke ich,
wie dünn die Decke meines Glaubens ist,
die die Abgründe meiner Zweifel überspannt.
Hier in der Verlässlichkeit deiner Nähe fällt mir auf,
wie unzuverlässig ich bin in deinem Dienst,
und wie verlassen ich mich oft fühle,
weil ich mich nur auf mich selbst verlassen habe.
Wer wird noch zu mir halten,
da ich es doch offenbar niemandem recht machen kann?

Schaffe mir Recht, mein Gott, und führe du meine Sache; zu zahlreich sind die Stimmen und zu mächtig die Gefühle, die mich verklagen.
(nach Ps 43)

Gebet

Herr Jesus Christus, hilf uns in deinem Geist für Gerechtigkeit einzutreten, wo man nur barmherzig sein will, und für Barmherzigkeit, wo man nur gerecht zu sein versucht. Lass die Christen Anwälte deiner Freiheit sein und die Kirchen Orte, da den Gefährdeten und Verfolgten Asyl gewährt wird. Recht muss Recht werden. Dazu komme dein Reich in Ewigkeit.

LIED
Ein wahrer Glaube Gotts Zorn stillt (EG 413)

LESUNG
Mk 10,35–45 Dienen, nicht herrschen

LIED
Liebe ist nicht nur ein Wort (Text: Eckart Bücken 1973, Melodie: Gerd Geerken 1973 EG NB 613)

Impulse zum Weiterdenken

Die Bitte an Gott „richte mich" wird nur nachsprechbar und sinnvoll, wenn Gottes Gericht nicht in einem herrschaftsfreien Raum angerufen wird. Solange wir uns der Illusion hingeben, wir könnten tun und lassen, was wir wollen, muss das Gericht Gottes als drohende Kulisse verstanden werden, die mir meine Freiheit nimmt. Mache ich mir dagegen klar – wie es der Psalmbeter tut – dass ich ständig und überall von Instanzen umgeben bin, die mich beurteilen und verurteilen, wird die Sehnsucht nach einem Richter verständlich, der mir Recht verschaffen soll.

Auch ein Nachdenken über das Fremdwort „Justiz" (= Gerichtsbarkeit) kann hilfreich sein. Das zugehörige Tätigkeit heißt „justieren" und besagt – fern von allem Gerichtswesen – dass etwas ins Lot gebracht, an der Wasserwaage „ausgerichtet" wird und danach problemlos seinen Dienst tut.

Der gleiche Grundgedanke liegt dem Evangelium zugrunde. Die Jünger Jakobus und Johannes haben verstanden: Jesus hat seine Passion angekündigt (Mk 10,32–34). Das kann nur bedeuten, dass die angekündigte Gottesherrschaft unmittelbar bevorsteht. Ihre Bitte, ihnen darin einen Platz ganz in der Nähe ihres Herrn zu reservieren, ist aus ihrer Sicht folgerichtig. Nimmt man die Mahnung Jesu aus der Bergpredigt hinzu: „Trachtet zuerst nach dem Reich Gottes und nach seiner Gerechtigkeit“ (Mt 6,33), können sie sogar meinen, nur das zu erbitten, was Jesus ihnen selbst nahe gelegt hat.

Und trotzdem ist alles falsch. Denn das Reich Gottes fällt nicht in Form eines *Weltgerichts* über die bis dahin herrschaftsfreie Welt her – und die, die bis dahin ihr Schäfchen ins Trockene gebracht haben, stehen nun auf dem Siegertreppchen – sondern Gott *richtet,* indem er richtig stellt und Recht schafft. Und das bedeutet, dass der, der es künftig zu sagen hat, sein Leben in den Dienst Gottes stellt und ans Kreuz geht. Auf diesem Weg gibt es wohl Nähe, aber keine reservierten Plätze.

LIED

Ein Lämmlein geht und trägt die Schuld (EG 83)

Fürbitten

Gott, dein Sohn Jesus Christus tritt seine Herrschaft unter uns an, indem er uns mit seinem Tod am Kreuz dient. Das bringt unsere Maßstäbe von Macht und Ohnmacht durcheinander. Aber wir ahnen: Nur so kommt unsere Welt in Ordnung.

Wir bitten dich für alle, die unter der Willkür von Mitmenschen leiden. Nicht selten sind auch *Staatsdiener* darunter oder die Behörde oder Einrichtung, in der sie arbeiten, bezeichnet sich selbst als *Dienst.* Ich merke: Eigentlich wissen wir längst, worauf es ankommt. Eigentlich haben wir längst von dir gelernt, dass Gemeinschaft nur gelingen kann, wenn jeder das einbringt, was er kann und womit er andern weiterhilft. Und trotzdem stehen wir, wenn uns dein Bild vor Augen tritt, immer wieder ganz am Anfang. Hilf uns, die Welt mit deinen Augen zu sehen und sie an deinen Maßstäben auszurichten. Dann kann jeder einen Platz in deiner Nähe finden.

Palmarum

Freiwerden im Leiden

Eingangswort

Am Beginn der Karwoche, in der wir Jesus durch den Garten Gethsemane zum Hügel Golgatha folgen, um am Ende mit den Jüngern fassungslos vor der Botschaft der Engel zu stehen: „Er ist nicht hier, er ist auferstanden!“ (Mt 28,6) – am Beginn dieses Weges hören wir Jesus sagen: „Der Menschensohn muss erhöht werden, damit alle, die an ihn glauben, das ewige Leben haben.“ (Joh 3,14b.15)

LIED

Dein König kommt in niedern Hüllen (EG 14)

PSALM

Christus war gehorsam bis zum Tode, ja zum Tode am Kreuz.

Gott, hilf mir, denn ich bin vom festem Weg abgekommen,
meine Füße finden keinen Halt mehr,
wie saugender Schlamm ist der Grund unter mir.
Ich will um Hilfe schreien,
aber aus meiner Kehle kommen nur tonlose Seufzer,
verstummt sind meine wortreichen Gebete.
Meine nächsten Angehörigen kennen mich nicht mehr wieder,
und meine Freunde gehen mir aus dem Weg.
Unheimlich bin ich ihnen in meiner Leidenschaft für deine Sache,
und so laden sie alle ihre Zweifel und Hoffnungslosigkeiten
bei mir ab.
Ich ertrage das nicht, Gott, das ist zu viel für mich.
Das Kreuz, das ich dir nachtragen wollte, ist mir zu schwer.

Christus war gehorsam bis zum Tode, ja zum Tode am Kreuz.
(nach Ps 69)

Gebet

Heiliger Gott, barmherziger Vater, ratlos stehen wir vor dem Kreuz deines Sohnes. Wir möchten ja sagen zu seinem Sinn und froh werden über die darin gewirkte Vergebung. Aber unsere Vernunft zuckt mit den Achseln und unser Gefühl weigert sich, Schuld anzuerkennen. Lass uns den Weg dieser Woche als deinen Weg für uns annehmen und getrost mitgehen mit ihm, unserm Herrn Jesus Christus, der …

oder

PSALM

Hosianna dem Sohn Davids! Gelobt sei, der da kommt in dem Namen des Herrn! Hosianna in der Höhe!

Es ist so einfach, den Kopf zu schütteln über die Menge,
die heute Hosianna und übermorgen kreuzige rief.
Wir gehen gar nicht erst hin.
Und halten lieber den Mund!
Erbarme dich unserer feigen Bequemlichkeit, Gott,
und öffne dein Ohr für die Rufe, die wir uns selbst nicht mehr zutrauen!
Lass dich auch heute nicht abschrecken von der Borniertheit der Mächtigen
und komm deinem Tempel zu Hilfe, damit er wieder ein Bethaus werde!
Tritt heraus aus den Spiegelfechtereien,
mit denen wir dich zu ehren vorgeben,
und mach denen einen Strich durch die Rechnung,
die faule Wechsel auf unsere Zukunft ausstellen!
Decke die Kläglichkeit auf hinter unsern wortreichen Klagen
und schenke uns Worte, die als Trichter taugen für deine Antwort!
Dann werden die Verstörten unter uns Tritt fassen
und die aufgegeben hatten, dich zu suchen, werden dir erleichtert zurufen:

Hosianna dem Sohn Davids! Gelobt sei, der da kommt in dem Namen des Herrn! Hosianna in der Höhe!
(nach Psalm 69)

Gebet

Gott unserer Lieder und unserer Ängste, unserer Alpträume und unserer leichtfüßigen Gewissheiten, wir bitten dich: Nimm uns mit auf deinen Weg zum Kreuz, damit wir nicht fliehen vor unsern Ratlosigkeiten und die nicht im Stich lassen, die schwer zu tragen haben. Gib uns Anteil an deinem Vertrauen, das dem Tod und all seinen Helfershelfern die Schlüssel abgenommen hat, mit denen sie das Tor zum Leben zuzuhalten versuchten. Der du für uns lebst in der Allmacht deines Vaters und in der Kraft seines versöhnenden Geistes in Ewigkeit.

Lied

Nun jauchzet all, ihr Frommen (EG 9)

Lesung

Joh 12,12–19 Jesus zieht in Jerusalem ein

Lied

Du großer Schmerzensmann (EG 87)

Impulse zum Weiterdenken

Dadurch, dass unsere Bibel vier Evangelien enthält, finden sich darin viele Geschichten in unterschiedlichen Versionen, wobei jede auf ihre Weise das Nachdenken lohnt. Aber nur einmal hat die kirchliche Überlieferung zwei Versionen der gleichen Geschichte als Hauptlesung zwei verschiedenen Sonntagen im Jahr zugeordnet: die Erzählung vom Einzug Jesu in Jerusalem wird in der Matthäusfassung am 1. Advent und in der Johannesfassung am Sonntag Palmarum verlesen. Dadurch erhält diese Geschichte zumindestens für den, dem Kirchenjahr und Sonntagsgottesdienst vertraute Bestandteile seines Christseins sind, etwas eigentümlich Zwielichtiges. Am 1. Adventssonntag scheint schon etwas auf von Leiden und Kreuz, und zu Palmarum schwingt unerwartet etwas Adventliches herein, das die Spannung in der Menge, die „ heute Hosianna und übermorgen kreuzige" ruft, auch gefühlsmäßig unterstreicht.

Entsprechend kann man sich mit den beiden unterschiedlichen Meditationen von Psalm 69 entweder stärker in die Person des Leidenden versetzen und der Erfahrung nachspüren, dass Leiden stumm macht und einem alle Selbstverständlichkeiten entreißt, einschließlich der, dass der Boden, auf dem man steht, Halt bietet. Oder man spielt mit der Vorstellung, sich virtuell an den Straßenrand von Jerusalem zu begeben, um es dann doch nicht zu tun und stattdessen mit dem Zoom einer imaginären Kamera an dem Geschehen entlang zu fahren und sich am Ende von dem entlarvt zu sehen, den man sich vom Halse zu halten hoffte.

Es lohnt sich jedenfalls nach meiner Erfahrung, die beiden Psalmmeditationen und die beiden Versionen der Einzugsgeschichte neben einander zu legen und gedanklich und gefühlsmäßig zwischen den Aussagen dieser Texte hin- und her zu springen. Denn auch die beiden Bibeltexte erzählen ja aus unterschiedlicher Perspektive: Bei Matthäus stehen die Jünger im Mittelpunkt, die Jesus begleiten und ihm, offensichtlich ohne zu verstehen, was da vorgeht, das Reittier besorgen. Und dann übernimmt auf einmal „die Menge" die Regie und die Jünger geraten in den Hintergrund. Anders bei Johannes: Da geht die Initiative ganz von der begeisterten Pilgermenge in Jerusalem aus und selbst Jesus erscheint fast wie ein Statist. Die Jünger dagegen werden erst am Ende als die erwähnt, die nichts verstehen, gerade so, als seien sie bei dem Vorgang gar nicht wirklich dabei gewesen. In diesen wechselnden Perspektiven kann man gut nacherleben, wie es dem geht, der sich mit eigenem oder fremdem Leiden beschäftigt und dabei immer wieder zwischen Nähe und Distanz hin und her gerissen wird.

LIED

Herr, stärke mich, dein Leiden zu bedenken (EG 91)

Fürbitten

Du gibst uns nicht dies oder das, sondern alles, indem du uns deinen Sohn gibst, der für uns sein Leben opfert. Wir spüren die Größe dieser Gabe und zugleich die Größe der Erwartung, die sie bei denen auslöst, die uns begegnen. Denn sie messen uns – ob wir wollen oder nicht – am Gewicht der Worte, die du uns in den Mund legst. Und sie hoffen auf unsere Hilfe in einem Maß, das uns erschreckt und uns gelegentlich das Gefühl gibt, überfordert zu werden. Gib uns die Kraft, dein Wort in unsere Worte zu übersetzen und so mit denen ins Gespräch zu kommen, die dich nicht kennen. Und gib uns den Mut, in unsern Besitzständen deine Gaben freizulegen, damit wir merken, wie viel wir andern geben können, ohne zu verarmen.

Wir denken heute besonders an die, die sich leicht blenden lassen vom öffentlichen Beifall und meinen, immer dort dabei sein zu müssen, wo es am Lautesten zugeht. Gib ihrem Suchen ein Ziel, das sie zur Ruhe kommen lässt und Kräfte bei ihnen freisetzt, die sie weitergeben können.

Wir denken auch besonders an die, die in ihrem Leiden einsam geworden sind und nicht mehr wissen, wie sie ihrem Schmerz entkommen können. Schick ihnen Menschen, die es bei ihnen aushalten und ihnen helfen, ihr Leben neu zu öffnen für deine Gaben. Durch Jesus Christus.

Gründonnerstag

Brot und Wein

Eingangswort

Der Gründonnerstag verdankt seinen Namen nicht einer Farbe, sondern dem alten Wort „greinen“ (für weinen). Die Einsetzung des Abendmahls wird also nicht zufällig am Vorabend des Karfreitag gefeiert, sondern steht mit dessen Thema in einem engen inhaltlichen Zusammenhang: Das Brot des Lebens wird am Abendmahlstisch gebrochen, wie es am Kreuz zerbrochen wird. „Er hat ein Gedächtnis gestiftet seiner Wunder, der gnädige und barmherzige Herr“ (Ps 111,4), umschreibt das biblische Leitwort dieses Geschehen

LIED

Seht das Brot, das wir hier teilen (EG 226)

PSALM

Wenn das Weizenkorn nicht in die Erde fällt und erstirbt, bleibt es allein; wenn es aber erstirbt, bringt es viel Frucht.

Was uns heil macht, Christus, ist dein Zerbrechen,
und was dich schwächte, macht uns stark.
In deinem Leiden teilst du dich uns mit,
damit wir Freude erfahren, wenn wir miteinander teilen.
Du hast ein immer währendes Gedächtnis dieses Wunders gestiftet,
unsere Gemeinschaft an deinem Tisch macht es für alle sichtbar.
Indem wir unsern Hunger stillen,
bekennen wir dein Erbarmen,
und wenn wir unsern Durst löschen,
erfahren wir Vergebung unerkannter Schuld.
Wir danken dir, Herr, denn du bist freundlich,
und deine Güte währet ewiglich.

Wenn das Weizenkorn nicht in die Erde fällt und erstirbt, bleibt es allein; wenn es aber erstirbt, bringt es viel Frucht. (nach Ps 111)

Gebet

Herr Jesus Christus, du hast denen, die dich hassten, deinen Leib hingegeben. Und sie haben ihn gequält, geschunden und totgeschlagen. Seitdem hast du nicht aufgehört, deinen Leib hinzugeben. Im Abendmahl hältst du dich für jeden bereit, der kommen will. Wie damals dürfen sie alle kommen: die Fanatiker und die Gleichgültigen, die Überzeugten und die Zweifler, die Angesehenen und die Namenlosen. Hilf uns, dass unsere Vernunft nicht Anstoß nimmt an deiner armen Gestalt, sondern Herz und Verstand erfüllt werden von deiner Gegenwart, der du mit dem Vater …

LIED

Komm, sag es allen weiter (EG 225)

LESUNG

Joh 13,1–15(34–35) Jesus wäscht seinen Jüngern die Füße

LIED

Dank sei dir Vater (EG 227)

Impulse zu Weiterdenken

Ein festliches Gefäß, ein Pokal wird mit einem Getränk gefüllt und anschließend im Kreis derer herumgegeben, die diesen Pokal soeben gemeinsam erkämpft haben, z.B. in einer siegreichen Fußballmannschaft. Jedes Kind kennt und versteht diese Szene. Beim Abendmahl geschieht etwas ähnliches, aber gleichzeitig ist es auch anders. Auch hier feiern Menschen miteinander einen Sieg, den Sieg über den Tod. Aber erkämpft hat ihn nur einer, und darum ist es auch sein Kelch, der die Runde macht. Denn er will, dass sie alle mitfeiern, dass sie alle teilhaben an seinem Sieg über den Tod, der genau genommen noch aussteht. Es ist ja der Abend vor dem Karfreitag, der Abend vor der Kreuzigung. Erst am dritten Tag, zu Ostern wird der Sieg über den Tod Wirklichkeit sein. Aber Jesus hat ihn schon an diesem Abend erkämpft. Und er will, dass seine Jünger schon an diesem Abend mit ihm feiern. Sie haben ihren Tod ja auch noch vor sich. Aber sie sollen ihm entgegensehen als solche, die ihn bereits besiegt haben kraft der Teilhabe an diesem Kelch. „Solches tut zu meinem Gedächtnis".

Dem entspricht die Geste des Brotbrechens. Brot, das nicht zerbrochen wird, kann man nicht austeilen. Jesus hält das Brot, wie sonst der Hausvater, während des Tischgebets in der Hand, wie es damals üblich war. Wenn er wollte, dass das Brot heil, unzerstört bliebe, würde niemand davon essen können. Wenn Gott wollte, dass sein Sohn am Leben, unzerstört bliebe, hätte er ihn in diesem Augenblick aus dem Spiel genommen. Aber dann hätte auch niemand an seinem Sieg über Sünde und Tod Anteil nehmen können. Darum bricht Jesus das Brot und sagt: Das ist mein Leib. Solches tut zu meinem Gedächtnis.

Der Christenheit wäre mancher Streit und manche Definitionsakrobatik erspart geblieben, wenn sie sich so auf das sorgfältige Beobachten des Geschehens beschränkt hätte. Es geht eben nicht um die Frage, ob oder wann aus Brot und Wein etwas anderes wird als Brot und Wein. Nicht das Brot wird *gedeutet* und nicht der Wein, sondern der Gestus des Brotbrechens und des gemeinsamen Trinkens. Nur um dies eine geht es, dass wir immer noch weiter teilhaben und andere teilhaben lassen an diesem Fest, indem Jesus selber das Brot bricht und seinen Kelch herumreicht und uns damit zu Teilhabern macht an seinem Sieg über den Tod.

LIED

Er ist das Brot (EG 228)

Fürbitten

Du lässt uns teilhaben an deinem Sieg über Sünde und Tod, Herr. Wie Brot gebrochen und ausgeteilt wird, so gibst du dich allen hin, die dich brauchen. Wir denken dabei besonders an die, die Angst um ihr Leben haben. Halte deine schützende Hand über sie und stärke ihren Mut durch das Vertrauen, dass du Herr über den Tod bist. Wir bitten dich für die, die sich Vorwürfe machen oder Schuld auf sich geladen haben. Lass sie wissen, dass bei dir Vergebung ist, und hilf ihnen, deine Vergebung anzunehmen. Wir bitten dich für alle, die an zerbrochener Gemeinschaft leiden, in der Familie, im Freundeskreis, in der Nachbarschaft. Du hast dein Leben gelassen, um Gemeinschaft zu heilen. Gib ihnen Mut, von dir einen Neuanfang anzunehmen. Wir bitten dich für alle, die heimatlos geworden sind. Schenke ihnen die Erfahrung einer offenen Tür und neuer Geborgenheit, auch in der Fremde. Herr, du bist das Brot des Lebens. Sättige uns alle mit deiner Gegenwart.

Karfreitag

Die Strafe liegt auf ihm

Eingangswort

Im Vordergrund unserer Gottesdienste am Karfreitag sollte nicht das Erschrecken über die Abgründe menschlicher Bosheit stehen, sondern die Freude, dass wir Gott so viel wert sind. „So sehr hat Gott die Welt geliebt", jubelt das biblische Leitwort für diesen Tag aus Joh 3,16, „dass er seinen eingeborenen Sohn gab, damit alle, die an ihn glauben, nicht verloren werden, sondern das ewige Leben haben".

LIED

Holz auf Jesu Schultern (EG 97)

PSALM

Christus war gehorsam bis zum Tode, ja zum Tode am Kreuz.

Mein Gott, mein Gott, warum hast du mich verlassen?
Ich sehe keine Rettung, und mein Schrei verhallt ins Leere.
Höhnisch blicken mich die Augen derer an,
die ich durch mein Vertrauen zu überzeugen gedachte.
Warum bist du so weit weg, jetzt, wo ich in Not bin und keiner eine Hand aufhebt, mir zu helfen?
Ausweglos wie in einem Alptraum ist meine Lage,
jeder Weg, den ich einschlage, endet vor einer Mauer.
Ich fühle mich zerschlagen am ganzen Körper,
wir scharfe Nägel durchbohrt es mir Hände und Füße.
Ich möchte tot sein. Aber wer wird um mich trauern?
Kann ich im Tod überwinden, woran ich lebend zerbrach?
Sie werden meine Habseligkeiten unter sich verteilen.
Nach mir aber wird kein Hahn krähen,
und die Tränen werden nicht bitter schmecken.
Und sollte doch einmal mein Name fallen,
wird man, peinlich berührt, das Thema wechseln.

Christus war gehorsam bis zum Tode, ja zum Tode am Kreuz.
(nach Ps 22)

Gebet
Ewiger Gott, du warst es, der Jesus in die Hand seiner Mörder gab. Du hast die Qualen des Sohnes als Qualen des Vaters erlitten. War das nicht zu vermeiden? Konntest du nicht in deiner Allmacht die Schuld der Menschen sühnen ohne dieses Opfer? Doch du sagst mir: So redet einer, der sich selbst nicht betroffen fühlt. Ja, Herr, ich bin es auch! Meine Schuld allein würde schon genügen, um Christus ans Kreuz zu bringen. Nur wer das erkennt, wird Zugang finden zu der Gnade, die nun für alle Zeit von diesem Kreuze ausgeht.

LIED
Du schöner Lebensbaum des Paradieses (EG 96)

LESUNG
Joh 19, 16–30 Jesus vollendet seinen Weg am Kreuz

LIED
O Haupt voll Blut und Wunden (EG 85)

Impulse zum Weiterdenken

Am Karfreitag geht es nicht um einen „Gegenstand ästhetischer Betrachtung oder frommer Gefühle, sondern das Unverständliche und Anstößige, das <skandalon> schlechthin, bei dem keine Rechnung aufgeht und keine Deutung der Welträtsel mehr stimmt", mahnte schon Wilhelm Stählin in seinen Predigtmeditationen 1966. Wir tun gut daran, gerade an diesem Tag auf logische Zusammenhänge und gefühlsmäßige Stimmigkeiten getrost zu verzichten und in holzschnittartigen Sätzen das Geschehen vor uns hinzustellen, das an diesem Tag bedacht werden will. Der, in dem Gottes ewiges Wort Fleisch geworden ist, erlebt an seinem Fleisch die ganze Grausamkeit, deren der Mensch fähig ist, wenn er sich in seinen Plänen und Zielen gestört fühlt. Dabei gibt es keinen Grund, an eine bestimmte geschichtliche Periode („früher") oder eine bestimmte Nation („die Juden") zu denken und sich die Sache damit vom Hals zu schaffen. Es gibt genügend Beweise dafür, dass auch Menschen, die *normalerweise* keiner Fliege etwas zuleide tun können, unter bestimmten Voraussetzungen zu unglaublicher Brutalität fähig sind.

Entsprechendes gilt, wenn wir auf die theologische Seite des Geschehens schauen. Auf der einen Seite ist Gott, wie wir ihn kennen und glauben, im Karfreitagsgeschehen so vollständig verborgen, dass wir nicht einmal seine Schattenseite gewahr werden. Und auf der andern Seite offenbart sich Gott paradoxerweise gerade in diesem Geschehen in seinem innersten Wesen als der, der die Welt „so sehr geliebt" hat, „dass er seinen eingeborenen Sohn gab". Man hat aber mit Recht festgestellt, dass uns von Martin Luther keine speziellen Passionslieder überliefert sind. Er hat das, was zum Karfreitag zu sagen war, in seinen Osterliedern verdichtet (siehe EG 101 und 102) und ist so der biblischen Tatsache gerecht geworden: Was an Sinndeutendem über das Kreuz zu sagen ist, ist nur von Ostern her zu sagen.

LIED

Korn, das in die Erde, in den Tod versinkt (EG 98)

Fürbitten

Herr, unser Gott, unter dem Kreuz Jesu bitten wir für deine Kirche, dass sie dein Leiden und Sterben als für sie, für uns geschehen annehme und weitersage, ohne Überheblichkeit und ohne Angst vor der Untauglichkeit ihrer eigenen Worte. Unter dem Kreuz bitten wir dich für alle, die Macht haben und ausüben in Stadt und Land, das sie sich nicht klein machen hinter ihrer Verantwortung, sondern offen sind für Kontrolle und Kritik. Unter dem Kreuz Jesu bitten wir dich für alle, die andere quälen und demütigen, mit Worten und mit Taten. Öffne ihnen die Augen dafür, dass alle Menschen ein Recht darauf haben, als deine Ebenbilder zu gelten. Unter dem Kreuz Jesu bitten wir dich für alle, die einen Menschen verloren haben und in Trauer sind. Lass sie erkennen, dass du noch neue Aufgaben und Möglichkeiten für sie bereit hältst und hilf ihnen, den Schmerz los zu lassen und die guten Erinnerungen zu bewahren.

Herr unser Gott, wir bitten dich: Nimm uns an in der Liebe, mit der du die Welt so sehr geliebt hast, dass du dem Kreuz nicht ausgewichen bist, damit wir mit dir und durch dich das Leben gewinnen.

Osternacht

Fest der ausgelassenen Freude

Eingangswort
Der Herr ist auferstanden. Er ist wahrhaftig auferstanden. „Christus spricht: Ich war tot, und siehe, ich bin lebendig von Ewigkeit zu Ewigkeit und habe die Schlüssel des Todes und der Hölle“. (Apk 1,18)

LIED

Gelobt sei Gott im höchsten Thron (EG 103)

PSALM

Der Herr ist auferstanden, halleluja, er ist wahrhaftig auferstanden, halleluja.

Freude soll herrschen in den Kirchen und auf den Straßen, Freude über den großen Sieg, der den Tod bezwungen hat.
Ein Fest wollen wir feiern,
ein Fest der ausgelassenen Freude.
Gott hat das Unabänderliche geändert
und das Unerschütterliche erschüttert.
Das Ende ist zum Anfang geworden
und das Unendliche zur Ewigkeit.
Kommt lasst uns feiern und fröhlich sein!
Freut euch mit uns, Kirchenglocken und Orgelpfeifen!
Freut euch mit uns, Regentropfen und Sonnenstrahlen!
Freut euch mit uns, Kuckuck und Esel!
Singt um die Wette zum Ostersieg Gottes!

Der Herr ist auferstanden, halleluja, er ist wahrhaftig auferstanden, halleluja.
(nach Ps 118)

Gebet

Herr, dass du lebst, ist keine Kunst, denken wir manchmal. Aber dass wir leben sollen, trotz des Sterbens, und dass in unserer Welt tatsächlich das Gesetz des Lebens und Lebenlassens herrschen soll und nicht des Sterbens und Sterbenlassens – das erscheint uns meistens unvorstellbar. Öffne uns Augen und Ohren für das Wunder deiner Auferstehung, damit wir begreifen: Der Anfang ist gemacht. Auf dem Grund, den du gelegt hast, können wir dir nachfolgen in das Leben, das hier anfängt und gültig bleibt von Ewigkeit zu Ewigkeit.

LIED

Erschienen ist der herrlich Tag (EG 106)

LESUNG

Mt 28,1–10 Die Auferweckung Jesu Christi

LIED

Christ ist erstanden (EG 99)

Impulse zum Weiterdenken

Ostern, das größte und wichtigste Fest der Christenheit, muss gleichermaßen gefeiert und gepredigt werden. Die Osternacht dient in erster Linie der Feier, egal, ob sie entsprechend der altkirchlichen Tradition in den frühen Morgenstunden des 1. Ostertages begangen wird oder, wie neuerdings mancherorts üblich, in der Nacht von Karsamstag auf Ostersonntag, z.B. im Anschluss an ein Osterfeuer. Dabei sollte sorgfältig darauf geachtet werden, dass das Thema „Auferweckung Christi" im Mittelpunkt bleibt und sich nicht durch irgendwelche Symbolhandlungen und Zeichen esoterische Inhalte in den Vordergrund drängen. Am Besten gelingt das, wenn in die Osternacht (eine) Taufe(n) und/oder die Feier des Abendmahls integriert sind.

Zu den klassischen Bibeltexten, die in der Osternacht gelesen werden, gehören Stücke aus der Schöpfungsgeschichte (Gen 1,1–28 i.A.), die Erzählung vom Durchzug durchs Schilfmeer (Ex 14 i.A.) sowie die Vision Hesekiels von den wieder belebten Gebeinen Israels (Ez 37,1–14).

Wo es möglich ist, werden diese Texte im Dunkeln gelesen. Danach wird die Osterkerze hereingetragen und mit dem dreifachen Wechselgesang „Christ unser Licht – Gelobt sei Gott" begrüßt. Danach entzünden die Gottesdienstteilnehmer ihre Kerzen an der Osterkerze. Dabei kann, wenn aktuell keine Taufe möglich ist, zumindest an die Taufe erinnert werden, durch die Christus, das Licht der Welt, uns alle damit bevollmächtigt und beauftragt hat, Licht der Welt zu sein. Die Verlesung des Osterevangeliums erfolgt nach Möglichkeit zu einem Zeitpunkt, wenn das Kerzenlicht mehr und mehr vom Tageslicht abgelöst wird. Daran schließt sich der dreifache Wechselruf an: „Der Herr ist auferstanden, halleluja. – Er ist wahrhaftig auferstanden, halleluja!" Dem folgt, wenn möglich, die Abendmahlzeitsfeier.

Wo eine derart ausgestaltete Osternachtfeier nicht möglich ist, sollte zumindest erzählend an die einzelnen Elemente erinnert werden. Eine Predigt über Mt 28, Mk 16 oder eins der andern Osterevangelium mit aktualisierenden Bezügen auf die Gegenwart würde ich dagegen dem späteren Ostergottesdienst vorbehalten.

LIED

Christ lag in Todesbanden (EG 101)

Fürbitten

Gott des Lebens, im Kreuz und in der Auferweckung deines Sohnes hast du all das zunichte gemacht, was wir für todsicher halten. Wir glauben immer wieder an den endgültigen Sieg des Todes. Du aber hast Jesus Christus zum Sieger des Lebens gemacht und damit ein Kraut in diese Welt gegeben, dem kein Tod gewachsen ist. Gib uns ein Vertrauen, das von diesem Kraut zehrt, damit unsere Fantasie beflügelt wird, Widerspruch einzulegen gegen die Gehilfen des Todes. Lass uns das Lachen aufrufen gegen alle Traurigkeit, lass uns Lieder und Worte aufrufen gegen das Verstummen, lass uns den aufrechten Gang üben, wo die Verhältnisse Menschen verkrümmen, lass uns ein Licht anzünden, wo die Finsternis regiert, lass uns die Angst vertreiben, die Angst vor dem Tod und die Angst vor dem Leben, indem wir die Gewissheit bezeugen: Wir leben oder sterben – wir gehören Gott.

Stärker als der Tod

Eingangswort

Der Herr ist auferstanden. Er ist wahrhaftig auferstanden. „Christus spricht: Ich war tot, und siehe, ich bin lebendig von Ewigkeit zu Ewigkeit und habe die Schlüssel des Todes und der Hölle". (Apk 1,18)

LIED

Heut triumphieret Jesus Christ (EG 109)

PSALM

Der Tod ist verschlungen in den Sieg. Tod, wo ist dein Stachel?
Hölle, wo ist dein Sieg?

Das letzte Wort ist noch nicht gesprochen.
Der Tod hält immer noch schreckliche Ernte.
Aber heute ist Ostern, das Fest der Auferstehung Christi.
Das Leben hat jetzt den längeren Atem, und der Tod wird nicht das letzte Wort haben.

Der Tod ist verschlungen in den Sieg. Tod, wo ist dein Stachel?
Hölle, wo ist dein Sieg?

Das letzte Wort ist noch nicht gesprochen.
Meinung steht unversöhnlich gegen Meinung.
Aber heute ist Ostern, das Fest der Auferstehung Christi.
Der Frieden hat jetzt den längeren Atem,
und das Nein zur Versöhnung muss nicht für immer gelten.

Der Tod ist verschlungen in den Sieg. Tod, wo ist dein Stachel?
Hölle, wo ist dein Sieg?

Das letzte Wort ist noch nicht gesprochen.
Unser Reden ist noch immer voll Irrtum und Lüge.
Aber heute ist Ostern, das Fest der Auferstehung Christi.
Die Wahrheit hat jetzt den längeren Atem,
und die Verführten und Betrogenen wissen, dass ihrem Schmerz eine Grenze gesetzt ist.

Der Tod ist verschlungen in den Sieg. Tod, wo ist dein Stachel?
Hölle, wo ist dein Sieg? (nach Ps 118)

Gebet

Die Osterfreude der Christen ist mehr als Frühlingsgefühle, ja! Und ewiges Leben ist mehr als grenzenloses Jungsein, sicher! Und doch sind wir darauf angewiesen, dass wir auch etwas spüren von der belebenden Kraft des Evangeliums: Christus ist auferstanden. Lass uns darum heute nicht allein, Herr, allein mit korrekten Bekenntnisformeln und fehlerlosen Bibelzitaten! Sondern lass uns etwas erfahren von der Lebendigkeit, in die du auferstanden bist und in die du uns mitreißen willst, damit wir sind, wo du lebst und regierst von Ewigkeit zu Ewigkeit.

LIED

Der Herr ist auferstanden (EG 118)
und/oder
Wach auf, mein Herz, die Nacht ist hin (EG 114)

LESUNG

Mk 16,1–8 Die Auferstehungsbotschaft an die Frauen

LIED

Christ ist erstanden (EG 99)

Impulse zum Weiterdenken

„Ingenieure haben bei Befestigungsarbeiten am Rande der Stadt eine furchtbare Entdeckung gemacht. Sie sprengten eben einen die Zufahrtstraße bedrohenden Felsen vom Berg, als sich unterhalb der Gesteinswunde ein ungeheures Auge auftat. Zugleich wurden in allen Teilen der Stadt machtvolle Erdstöße verspürt, und seit Stunden schon hallt aus den Rissen im Pflaster ein pumpendes Pochen herauf, als sei im Erdgeschoss eine Höllenmaschine verborgen. Inzwischen ist die schlimmste aller Befürchtungen Wahrheit geworden: Unsere Stadt wurde auf der Brust eines schlafenden Riesen erbaut; nun haben die Ingenieure ihm eine Braue weggesprengt, und er beginnt zu erwachen. Es sind bereits zahlreiche Kommissionen ernannt worden, die den Auftrag erhielten, das Ohr des Riesen zu finden, um ihm den Wunsch vorzutragen, er möge die Gewogenheit haben, doch noch einige Zeit liegen zu bleiben. und die Ingenieure haben vor seinem Auge ein großes Schild angebracht, auf dem sie sich dafür entschuldigen, dass er verletzt worden sei. Er scheint jedoch nicht unsere Sprache zu sprechen; sein Auge blickt starr durch die Inschrift des Schildes hindurch; und auch sein Ohr hat bisher noch keine der Kommissionen entdeckt. So wird nun die Stadt wohl in Kürze vergehen…" (in: Die Blumen des Blinden, München 1983.) Mir scheint, diese Fabel von Wolfdietrich Schnurre trifft sehr genau das

Lebensgefühl vieler Menschen unserer Generation. Von den Frauen in unserm Evangelium heißt es auch: „… denn es war sie Zittern und Entsetzen angekommen. Und sie sagten niemand etwas, denn sie fürchteten sich“ (Mk 16,8). Vielleicht ist das ängstliche Verstummen angesichts der in unserer Welt sichtbar gewordenen Risse der Wahrheit von Ostern näher als die verharmlosende *Strahlemann-Manier* vieler Osterpredigten.

Aber das ist klar: Der Tod hat *plötzlich und unerwartet* ein Spiel verloren. Zugegeben: Nur dies eine. Aber der Mythos seiner Unbesiegbarkeit ist seitdem dahin, ein für allemal. Seitdem erfährt, wer dem Tod diese eine Niederlage vorhält, ein erstaunliches Bewusstsein innerer Überlegenheit und Freiheit. Immer mehr Menschen gehorchen seit jener Nacht nicht mehr bedingungslos seinem Gesetz, dem Gesetz des Sterbens und Sterbenlassens. Sie haben eine neue Orientierung: das Angebot, zu leben und leben zu lassen, dem vermeidbaren Tod entgegenzutreten und entgegenzuwirken, bis der unvermeidbare Tod – der noch unvermeidbare Tod! – ans Ziel gekommen ist.

Christen suchen nicht das Ohr des schlafenden Riesen, um ihre kindischen Entschuldigungen hinein zu murmeln, die doch nichts ändern. Christen wissen, dass es auf ihre eigenen Ohren ankommt, wenn die *Stadt* eine Zukunft haben soll. Auf unser Hören und unser *Ge-Horchen* kommt es an! Wenn wir das begriffen haben, kann der Riese getrost aufspringen und lachend ins Reich der Fabeln und Märchen zurück laufen.

LIED

Der schöne Ostertag (EG 117)

Fürbitten

Siehe die Fürbitten zur Osternacht S. 111

Ostermontag

Aufgestanden zum Leben

Eingangswort

Der Herr ist auferstanden. Er ist wahrhaftig auferstanden. „Christus spricht: Ich war tot, und siehe, ich bin lebendig von Ewigkeit zu Ewigkeit und habe die Schlüssel des Todes und der Hölle“. (Apk 1,18)

LIED

Wir wollen alle fröhlich sein (EG 100)

PSALM

Auferstanden bin ich und bin nun immer bei dir.
Halleluja, halleluja, halleluja!

Singen will ich vom Sieg über den Tod,
spotten über die finstere Drohung des Sterbens.
Grundlos ist meine Angst, das Leben zu versäumen,
und der Schmerz des Verlustes wird zum Zeichen
beginnender Genesung.
Gott ist in die Verliese des Todes eingebrochen
und hat sich das Sterben zur Beute gemacht.
Dankbar kann ich jeden Tag in Empfang nehmen
und aus seiner Hand erwarten, wie es weitergehen soll.
Denn er sagt mir:

Auferstanden bin ich und bin nun immer bei dir.
Halleluja, halleluja, halleluja!
(nach Ps 118)

Gebet

Herr, an der Sorge um das Leben sterben mehr Menschen als an irgendeiner anderen Krankheit. Du kennst das Elend, das die Todesangst unter uns verursacht. Schenke uns Christen, dass die Menschen bei uns Asyl finden vor der Verfolgung ihrer Ängste und dass unsere Gottesdienste Zufluchtsorte der Wahrheit und des Lebensmutes werden durch unsern Herrn Jesus Christus, deinen Sohn, der mit dir in der Einheit des Heiligen Geistes lebt in Ewigkeit.

Lied

Auf, auf mein Herz, mit Freuden (EG 112)

Lesung

Lk 24,13–35 Die Emmausjünger begegnen dem Auferstandenen

Lied

Erstanden ist der heilig Christ (EG 105)

Impulse zum Weiterdenken

Von der Auferstehung kann man eigentlich nur singen. Worte sind viel zu trocken, um diese weltstürzende Wirklichkeit zu umschreiben. Worte, gesprochene Worte sind wie das alltägliche Leben, realistisch und vernünftig. Von Ostern kann man nur singen. Denn erst wenn die Töne den Worten Flügel verleihen, sind sie in der Lage, die Osterbotschaft zu tragen.

Das bedeutet nicht, dass Ostern mit unserer Wirklichkeit nichts zu tun hätte. Aber es sprengt unsere Wirklichkeit und was wir davon erfahren. Und es sprengt deshalb auch unsere Worte.

Trotzdem müssen wir von Ostern reden. Sonst spalten wir unsere Welt in eine gesungene und eine besprochene, in eine wunderbare und in eine wunderlose, in eine mit Gott und eine ohne ihn. Das darf nicht passieren. Deshalb müssen wir immer wieder bei den Ostergeschichten des Neuen Testaments anklopfen. In ihnen hat sich der Versuch der ersten Christen niedergeschlagen, diese Spaltung der Welt zu vermeiden und dennoch Ostern zu verkündigen. Das macht diese Geschichten so spannungsvoll. Sie wollen zusammenhalten, was eigentlich nicht zusammen passt: Die wirkliche Welt, in der der Tod immer noch auf vielfältige Weise das Sagen hat. Und die Welt der Auferstehung, die gesungene Welt, in der Menschen dem Auferstandenen begegnen und sich von ihm ermutigen lassen zum Aufstand gegen den Tod und seine Helfershelfer.

In der Geschichte von den Emmausjüngern geschieht das beim Brotbrechen, beim österliches Abendmahl. Indem der Fremde für sie das Brot bricht, verstehen sie auf einmal, was er ihnen vorher auf dem Weg über das „Muss“ gesagt hat: „Musste nicht Christus dies erleiden?“ (V26). Nur wenn der Auferstandene der Gekreuzigte ist, kann er ihnen zusagen: Ich bin bei euch alle Tage bis an der Welt Ende. Von daher ist dann auch ihr eigener Tod kein Widerspruch mehr gegen das Leben, das ihnen durch den Auferstandenen zugesagt wird, und macht ihnen darum auch keine Angst mehr. Ostern muss gesungen werden – aber dann geht’s ans Buchstabieren!

LIED

O Tod, wo ist dein Stachel nun (EG 113)

Fürbitten

Durch Christus haben wir das Leben, Gott. Er lebt – und wir alle sollen auch leben. Alle. Wir bitten dich für die, die den Hunger nach Leben besonders spüren:

- die jungen Menschen, die teils erwartungsvoll, teils besorgt in die Zukunft schauen. Vieles von dem, was sie sich wünschen, steht noch aus. Aber gleichzeitig entdecken sie da auch vieles, was sie befürchten. Gib ihnen einen nüchternen Verstand, dass sie sich nicht treiben lassen, sondern überlegt entscheiden, was jetzt richtig ist. Und gib ihnen Flügel der Fantasie, dass sie sich von den dunklen Gewitterwolken nicht die Hoffnung verderben lassen auf das, was möglich ist.
- wir denken an die, die durch Gewalt und Willkür daran gehindert werden, ihr Leben zu entfalten und für sich und andere bessere Bedingungen zu schaffen. Lass sie nicht resignieren, sondern geduldig und listig nach Möglichkeiten ausschauen, weiter zu denken und mehr zu tun, als ihnen die Mauern um sie herum erlauben wollen.
- wir denken an die, die Träume haben von dem, was in ihrem Umfeld, in ihrem Land, in der Welt möglich ist. Aber immer wieder kommen andere und behaupten, das seien Illusionen und sie sollten sich nach der Decke strecken. Du hast mit der Botschaft von deinem Reich eine unerschütterliche Hoffnung auf Frieden und Gerechtigkeit in die Welt gebracht. Hilf uns, dass wir denen, die Ideen zur Umsetzung dieser Hoffnung haben, den Rücken stärken und nicht denen nach dem Munde reden, die sich Realisten nennen.

Gott, du hast deinem Sohn das Leben geschenkt und damit seinem Einsatz für die Liebe Recht gegeben. Leite uns als deine Kirche auf seinem Weg.

Quasimodogeniti

Wie neu geboren

Eingangswort

Der weiße Sonntag heißt dieser Tag; denn überall da, wo zu Ostern nach alter Tradition viele Männer und Frauen durch die Taufe in die christliche Gemeinde aufgenommen wurden und werden, nahmen und nehmen diese Neugetauften in ihren weißen Taufgewändern heute erstmals am Gemeindegottesdienst teil. Ihnen wie allen Christen gilt der Ruf: „Gelobt sei Gott, der Vater unseres Herrn Jesus Christus, der uns nach seiner großen Barmherzigkeit wiedergeboren hat zu einer lebendigen Hoffnung durch die Auferstehung Jesu Christi von den Toten" (1Petr 1,3).

LIED

Frühmorgens, da die Sonn aufgeht (EG 111)

PSALM

Wie die neugeborenen Kinder schreien nach der Milch, die sie nährt, so schreit in uns der Hunger nach dem Leben, das von dir kommt, Gott.

Ich sehne mich nach dir, Herr,
denn du kennst die dunklen Wünsche meines Herzens.
Wie ein Freund sein Ohr neigt über den Mund,
der nur noch flüsternd stammeln kann,
so neigst du dein Ohr zu mir,
wenn meinem Beten die Kraft und die Worte fehlen.
Du hast deine Nähe den Kindern versprochen,
den Schwachen, die ganz auf Hilfe angewiesen sind.
Darum darf ich mitten in der Angst mit dir rechnen.
Wenn die Zukunft mich überfällt
wie ein drohender Schatten,
darf ich ausschauen nach deinem Licht.
Denn der Balken, der dir den Tod brachte,
rettet mir das Leben.
Er wird mich tragen ans sichere Land,
wo die Stürme dieser Welt
keine Gewalt mehr über mich haben.

Wie die neugeborenen Kinder schreien nach der Milch, die sie nährt, so schreit in uns der Hunger nach dem Leben, das von dir kommt, Gott.
(nach Ps 116)

Gebet

Du, der du den Tod selbst getötet hast in der Auferweckung Jesu Christi: Nimm uns hinein in die Feier deines Sieges. Schenke uns den Glauben, der die Müdigkeit unserer Gedanken und die Unsicherheit unserer Schritte zerbricht und uns von Grund auf verwandelt durch ihn, unsern Herrn Jesus Christus, der …

LIED
Mit Freuden zart (EG 108)

LESUNG
Joh 20,19–29 Der Auferstandene erscheint Thomas

LIED
Wir danken dir, Herr Jesu Christ (EG 107)

Impulse zum Weiterdenken

Dass wir ein animalisches Bedürfnis nach dem wahren Leben haben, das nur Gott geben kann, wie der Psalmbeter suggeriert, das ist zunächst einmal nicht mehr als eine kühne Behauptung. Ist uns wirklich allen dieser Hunger bewusst? Sprechen die Mitgliederzahlen unserer Gemeinden und erst recht die Besucherzahlen unserer Gottesdienste und kirchlichen Veranstaltungen nicht eine ganz andere Sprache?

Nun, von Bewusstsein redet der Psalm ja gerade nicht. Neugeborene brauchen kein spezielles Nahrungsbewusstsein, bei Hunger zu schreien ist ihre einzige Waffe, um zu überleben. Und die folgenden Sätze sprechen auch nicht von konkreten Begehrlichkeiten, sondern von den „dunklen Wünschen des Herzens“ bzw. einem Beten, dem Kraft und Worte fehlen. Und die Angst, von der in den folgenden Sätzen die Rede ist, gehört ja auch zu den Gefühlen, die oft genug sehr vage und irrational sind.

Nein, der Psalm will uns gerade wegführen von den Einengungen, die uns ein vernunftgeleitetes Denken immer wieder aufzwingt. Die Einladung des Sonntags, uns Vorbilder zu suchen bei denen, die noch gar keine Vorbilder sein können, die Neugeborenen, ruft uns auf, unsere bewussten Wünsche einmal beiseite zu lassen und auf das zu achten, was ohne die Kontrolle unserer eingebauten Prüfung auf Nutzeffekt abläuft. Vielleicht weiß ja unser Unterbewusstsein besser über uns Bescheid als wir denken.

Das Evangelium des Sonntags erzählt von Thomas, der zweifelt und eben so menschlich ist in seinem Fragen nach Jesus. Im Zeitalter der industriellen Perfektion macht sich auch in unserm Zusammenleben, auch in unserm Glauben ein Denken breit, das das Perfekte für das Beste hält. Aber wer an Gott keine Fragen mehr hat, wer mit ihm fertig ist, egal ob *gläubig* oder *ungläubig*, der ist doch tot, der hat keinen Hunger mehr, der betet nicht mehr wirklich, denn er hat ja keine Wünsche mehr. Er ist mit Gott fertig. Thomas ist nicht fertig mit dem Auferstandenen – und deshalb erlebt er ihn.

LIED

Er ist erstanden. Halleluja (EG 116)

Fürbitten

Heiliger und barmherziger Gott, wir hören den Auferstandenen sagen: Selig sind, die nicht sehen und doch glauben! Du sagst das zu denen, die Sicherheiten fordern, ehe sie sich auf den Glauben einlassen wollen. Aber du meinst damit nicht die, die daran arbeiten, dass sichtbar wird, was sie glauben.

Du sagst das zu denen, die alles durch die Kontrolle ihrer Vernunft sieben wollen und nicht akzeptieren, dass zu ihrem Menschsein viel mehr gehört als Vernunft. Aber du meinst damit nicht die, die genau hinsehen und so ihren Nächsten besser helfen wollen.

Himmlischer Vater, wir wissen, dass wir nicht perfekt sind, aber du hast ja auch nicht die Perfekten zu dir gerufen, sondern die Sünder. Die kannst du mit deiner Vergebung beschenken und als Beschenkte in die Welt schicken, damit sie deine Gaben austeilen. Gib uns offene Augen für die, die nicht schon alles haben. Und denen, die meinen, sie brauchten dich nicht, lass einen über den Weg laufen wie Thomas, der sie mit seinem Zweifel ansteckt und so neu öffnet für dein Wort.

Misericordias Domini

Behütet und getröstet

Eingangswort

Der zweite Sonntag nach Ostern mit dem Namen Misericordias Domini ist der Sonntag vom guten Hirten. Der 23. Psalm gehört dazu, aber vor allem, dass dieser Hirte durch Jesus Christus einen Namen und ein Gesicht bekommen hat: „Christus spricht: Ich bin der gute Hirte. Meine Schafe hören meine Stimme, und ich kenne sie, und sie folgen mir; und ich gebe ihnen das ewige Leben" (Joh 10,11a.27–28a).

LIED

Der Herr ist mein getreuer Hirt (EG 274)

PSALM

Auf Schritt und Tritt begegnest du der Güte des Herrn; der ist gut dran, der sich in Gottes Behutsamkeit zu Hause weiß.

Der Herr ist mein Hirte, mir wird nichts mangeln.
Du gehörst zur Gemeinde Christi. Was machst du dir noch Sorgen!
Er weidet mich auf einer grünen Aue
und führet mich zum frischen Wasser.
Du kannst dich frei bewegen
in dem weiten Spielraum des Evangeliums.
Und du hast ein Ziel, das das Leben lohnt.
Und ob ich schon wanderte im finstern Tal,
fürchte ich kein Unglück; denn du bist bei mir.
Erschrick nicht,
wenn dich dein Weg in dunkle Tiefen hinab führt;
da bist du ihm auf der Spur!
Gutes und Barmherzigkeit
werden mir folgen mein Leben lang,
und ich werde bleiben im Hause des Herrn immerdar.
Du läufst seiner bergenden Hand nicht davon,
wohin du auch gehst,
dein Wohnrecht bei ihm bleibt ungekündigt in Ewigkeit.

Auf Schritt und Tritt begegnest du der Güte des Herrn; der ist gut dran, der sich in Gottes Behutsamkeit zu Hause weiß.
(nach Ps 23)

Gebet

Heiliger, barmherziger Gott, du hast Jesus Christus zum guten Hirten gemacht und rufst auch uns zu seiner Herde. Lass uns seiner Stimme folgen; denn sie allein befreit uns von allem Herdentrieb dieser Welt. Lass uns in seiner Gemeinschaft den Frieden finden, der nicht gleich schaltet, sondern eint in der Vielfalt. Durch ihn, unsern Herrn Jesus Christus …

LIED

Der Herr, mein Hirte, führet mich (Text: englisch im Schottischen Psalter (1650): „The Lord's my Shepherd", deutsche Übersetzung: Lotte Sauer, Melodie: Jessie Seymour Irvine EG BT 594)

LESUNG

Joh 10,11–16(27–30) Jesus ist der gute Hirte

LIED

Du hast gesagt: „Ich bin der Weg" (Text und Melodie: Bodo Hoppe 1968 EG KW 602)

Impulse zum Weiterdenken

Das ist wie mit einem alten Foto, das einem unversehens in die Hand fällt: von einem Familienfest, einer Urlaubsreise oder einfach ein Schnappschuss irgendwo im Alltag. Ein warmes Gefühl der Dankbarkeit überkommt einen. Vielleicht ist auch ein bisschen Wehmut dabei, aber die stört nicht, erhöht eher die Wärme. Unwillkürlich geht man mit einem neuen Ja zu sich selbst zurück an die Beschäftigung, in der einen das Bild unterbrochen hat.

Die Rede vom guten Hirten ist wie solch ein altes Foto. Manche sagen: Es sei nicht mehr aktuell. Wer kennt heute schon einen Hirten? Aber das macht nichts. Der Text hat ja gerade als ein altes Bild seine Wirkung. Für viele von uns gehört er seit Kindertagen zum vertrauten religiösen Inventar. Und für die andern vermittelt sich das Bild selbst durch seine einfachen, aber sprachlich starken Bilder.

Dennoch gilt es natürlich, beim Zuhören und Meditieren seinen Verstand nicht ganz auszuschalten. Die einzelnen Bilder lösen ja verschiedene Assoziationen aus, die bedacht werden wollen.

- Beim „frischen Wasser" fällt uns vielleicht das Gefühl ein, das uns überkam, als wir einmal sehr durstig waren und endlich etwas Kühles zu trinken fanden.
- Oder wir denken an ein erfrischendes Bad an einem heißen Tag.

– Es kann aber auch geschehen, dass sich düstere Bilder einstellen: Bilder von Dürre und Elend, Bilder von Hochwasser und Gefahr. Wir sollten solche „abwegigen“ Bilder nicht kurzerhand wegwischen, sondern ihnen nachdenken. Vielleicht enthalten auch sie eine Botschaft.

Entsprechend gilt es, die andern Motive des Psalms durchzugehen: die Straße, das finstere Tal, den gedeckten Tisch „im Angesicht meiner Feinde“, das gesalbte Haupt, das Bleiben im Haus des Herrn.

Ganze Landschaften werden da im Hintergrund sichtbar, Landschaften, in denen sich seelische Landschaften spiegeln. Das finstere Tal und der Blick auf die Feinde sorgen dafür, dass da nicht nur romantische Idyllen ins Bild kommen. Und wenn man das Evangelium dazu nimmt, stellen sich weitere Figuren ein: der Mietling, der Wolf, aber auch die zusätzliche Ebene, dass der Hirte nicht nur *führt,* sondern auch spricht und die Schafe seine Stimme kennen. Am Besten ist es wohl, wenn man über diesen Text so spricht, dass man erzählt, was die einzelnen Motive in einem auslösen.

LIED

Ich singe dir mit Herz und Mund (EG 324)

Fürbitten

Täglich neu erfahren wir, dass du uns den Weg weist, guter Gott, dass du uns behütest und versorgst wie ein Hirte seine Herde. Wir danken dir dafür und bitten dich: Erweise dich als guter Hirte bei denen, die vom rechten Weg abgekommen sind, dass sie deinen Ruf hören und umkehren. Gib deinen Stab denen in die Hand, die ins finstre Tal geraten sind, damit sie sich deiner Nähe trösten können. Decke für die den Tisch, die Hunger leiden, denen andere das Leben schwer machen, die keine Ruhe finden. Du kannst auch mitten in der Gefahr stärken und Zukunft eröffnen. Lass die Gutes und Barmherzigkeit auf ihrem Weg erfahren, die sich von Termindruck und Leistungsstress bedrängt fühlen und an ihren eigenen Fähigkeiten zweifeln. Und öffne denen die Tür zu deinem Haus, die leer und ausgepumpt sind, ratlos und verzweifelt. Dein Haus ist, anders als unsere Häuser, nicht nur ein Rastplatz auf Zeit. Sondern da können wir bleiben, über Zeit und Raum hinaus, in alle Ewigkeit.

Jubilate

Zum Leben erwacht

Eingangswort

In dieser Jahreszeit kann uns ein Blick in die Natur helfen, besser zu verstehen, was Gott durch Christus an uns getan hat. „Ist jemand in Christus", sagt der Wochenspruch für den Sonntag Jubilate, „so ist er eine neue Kreatur; das Alte ist vergangen, siehe, Neues ist geworden." (2Kor 5,17)

LIED

Liebe, die du mich zum Bilde (EG 401)

PSALM

Jauchzet Gott, alle Lande! Lobsinget zur Ehre seines Namens;
rühmet ihn herrlich!

Wie neu geboren erscheint mir die Erde,
Gärten und Fluren schmücken sich mit strahlender Schönheit.
Der Kirschbaum lobt dich im Schleier seiner Blütenpracht,
und die Tulpen richten jubelnd ihre Kelche gen Himmel.
Die Kunde vom Wunder der Osternacht hallt wider im lautlosen Echo aufspringender Knospen.
Öffnet eure Augen und schaut die Wunderwerke Gottes,
lasst euch nicht fixieren von den grauen Fassaden eures Selbstmitleids!
Hat nicht Gott auch in deinem Leben Mauern durchbrochen
und dir einen Weg gewiesen aus deiner Verzweiflung?
Meintest du nicht schon früher, jetzt seist du am Ende,
und aus dem Tod deiner Hoffnung erstand neuer Anfang?
Lass dich jetzt hinein nehmen in das jubelnde Lob der Schöpfung,
damit dein Herz die Gitter der Furcht sprengen kann.
Spann den Bogen deiner Hoffnung über alle Stacheldrähte der Enttäuschung
und bleib nicht stehen bei den Gräbern deines Gestern.
Gottes Verheißungen greifen weiter als deine eigensüchtigen Pläne,
in den lobenden Chören der Schöpfung hast auch du deinen unersetzlichen Platz.

Jauchzet Gott, alle Lande! Lobsinget zur Ehre seines Namens;
rühmet ihn herrlich! (nach Ps 66)

Gebet

Herr, du Schöpfer aller Dinge, du wirkst neues Leben bei Tieren und Pflanzen: Wecke auch uns auf aus dem Schlaf der Gleichgültigkeit, der Kälte der Lieblosigkeit und dem Tod unserer Sünde. Richte uns auf durch dein Licht und mach uns beweglich durch die Wärme des guten Geistes unsere Herrn Jesus Christus, der mit dir in der Einheit dieses Geistes lebt und regiert von Ewigkeit zu Ewigkeit.

LIED

Nun steht in Laub und Blüte (Text: Detlev Block 1978, Melodie: Wie lieblich ist der Maien (Nr. 501) EG NB 641)

LESUNG

Joh 15,1–8 Christus ist der wahre Weinstock

LIED

Bei dir, Jesu, will ich bleiben (EG 406)

Impulse zum Weiterdenken

Der Psalm spielt mit dem Kontrast zwischen Szenen aus einem Frühlingsgarten und dem tristen Grau freudloser Häuserfronten. Beides sind nicht nur objektive Bilder, die sich jeder vorstellen kann, sondern auch Ausdruck für innere Zustände, wenn die Seele sich bedrückt und freudlos fühlt bzw. wenn sie von neuer Lebenslust und Kreativität erfüllt ist. In diesem Zusammenhang mag man sich erinnern, dass sich sowohl die Passions- wie die Ostergeschichte in einem Garten abspielt: Im Garten Gethsemane wird Jesus verraten und gefangen genommen (z.B. Mk 14,32ff). Aber auch sein Grab findet der Gekreuzigte in einem Garten (Joh 19,41), sodass Maria Magdalena nicht ganz zufällig den Auferstanden zunächst für den Gärtner hält (Joh 20,11ff). Hinzu kommt ein weiterer Gesichtspunkt: Die erste Begegnung der Frauen mit der Auferstehungsbotschaft findet „am ersten Tag der Woche“ (Mk 16,1) statt. Daraus wird in der kirchlichen Überlieferung die Sonntagsfeier mit der Übernahme des Feiertagsgebots vom 7. auf den 1. Tag. Außerdem setzt sich mehr und mehr das Verständnis von Ostern als Beginn der neuen Welt durch bzw. als die Wiedereröffnung des Paradieses. Die Schöpfungsgeschichte gehört darum in die Reihe der sechs Bibeltexte, die diesem Sonntag zugeordnet sind. Es gibt also viele Gründe, am Sonntag Jubilate den Garten als Gleichnis für den Glauben heranzuziehen. Und jeder mag über die in der Psalmmeditation angedeuteten hinaus Bilder aus seinem Erfahrungsbereich aufgreifen und ausdeuten.

Lied

Erschienen ist der herrlich Tag (EG 106)

Fürbitten

Guter Gott, mehr als sonst tritt in diesen Wochen das Knospen und Blühen in den Gärten vor unser Auge und schenkt uns eine Anschauung von deinem Versprechen, dass du alles neu machen willst. Wir danken dir für diese Bilder, die nicht nur unserm Nachdenken gut tun, sondern auch unserm Fühlen, unserer Fantasie, unserer Vitalität. Im Bild vom Weinstock hat dein Sohn Jesus Christus uns vor Augen geführt, woher wir in Wahrheit unsere Kraft und unsere Orientierung beziehen. Wir bitten dich für alle, die sich dennoch kraftlos fühlen und meinen, dass alle ihre Anstrengungen fruchtlos bleiben. Du allein entscheidest letztlich über den Wert einer Leistung. Lass sie erfahren, dass du sie nicht abgeschrieben hast. Wir bitten dich für alle, die die Verbindung zu deinem Wort und deiner Gemeinde verloren haben. Du allein weißt, wie es dazu kam und du allein kannst entscheiden, wer zu denen gehört, die als Reben am Weinstock bleiben. Bewahre uns vor vorschnellen Urteilen und hilf uns, dass deine Worte in uns bleiben und wir Frucht bringen. Wir bitten dich für alle, die nach dir suchen, vielleicht ohne es zu wissen, weil sie merken, dass sie nicht aus sich selbst leben und Gutes tun können. Pflanze sie ein in deinen Weinberg, damit er groß werde und den Menschen die Energie und die Lebensfreude zuführen kann, die sie brauchen. Durch unsern Herrn Jesus Christus.

Cantate

Singt nicht mehr das alte Lied

Eingangswort

Wer singt, erlaubt der eigenen Seele, das Fenster zu öffnen und frische Luft herein zu lassen. Das tut am Ende dem ganzen Menschen gut. Deshalb ermuntert uns der Wochenspruch des Sonntags Kantate: „Singet dem Herrn ein neues Lied; denn er tut Wunder." (Ps 98,1)

LIED

Singet dem Herrn ein neues Lied (EG 287)

PSALM

Singet dem Herrn ein neues Lied; denn er hat Wunder getan – und tut sie noch!

Wie das Auge, verletzt durch den verbauten Horizont unserer Städte,
Heilung findet im Blick über die endlose Weite des Meeres,
wie die Lunge, vergiftet durch die unsichtbaren Dämpfe des Wohlstandes,
Genesung sucht in der unerschöpflichen Frische des Seewindes,
so atmet meine Seele Heilung in deinem Wort.
Es löst sich der Krampf der Angst, der mir die Kehle zuschnürte.
Ich finde wieder Worte: Worte des Dankes oder Worte der Klage,
immer aber Worte, die die Mauer des Morgen in Steine zertrümmern,
Steine, die ich greifen und über die Schulter hinter mich werfen kann
und Stück für Stück wird wieder Zukunft sichtbar.

Singet dem Herrn ein neues Lied; denn er hat Wunder getan – und tut sie noch!
(nach Ps 98)

Gebet

Herr, wer misst die Menge der Tröstung, die vom Singen deiner Kirche ausgegangen ist und nach wie vor ausgeht? Wer berechnet die Heilungskosten, die einer Gesellschaft erspart bleiben dadurch, dass in ihren Kirchen musiziert wird? Und wenn das alles zu messen und zu berechnen wäre: ungezählt, weil unzählbar blieben deine Wunder, auf die unser Lobgesang nur hinweisen kann wie der Kinderfinger auf den Sternenhimmel. Wir danken dir durch unsern Herrn Jesus Christus, der mit dir …

PSALM

Singet dem Herrn ein neues Lied, halleluja! Denn er hat Wunder getan und tut sie noch, halleluja!

Singet dem Herrn ein neues Lied,
ihr Vögel unter dem Himmel und ihr Fische im Meer!
Die ihr hoch hinaus wollt und die ihr in der Tiefe verstummt seid – singt dem Herrn!
Die vor dem Wind treiben wie die Möwen
und die stetig ihre Bahn ziehen wie die Lachse – singt dem Herrn!
Die mit ihrer Stimme bezaubern wie die Nachtigall
und die wegen ihrer Kraft gefürchtet sind wie die Haie – singt dem Herrn!
Die unermüdlich Fleißigen, gleich den Schwalben beim Nestbau,
und die Gelassenheit und Lebensfreude ausstrahlen wie die farbenprächtigen Korallfische –
singt dem Herrn!
Singet dem Herrn ein neues Lied, ihr Blumen im sonnigen Garten
und ihr Bäume im tiefen Schatten der Wälder!
Die ihr vom Leben verwöhnt seid mit Licht und Wärme
und die ihr täglich ums Überleben kämpfen müsst – singt dem Herrn!
Die Vorboten einer besseren Zukunft sind wie die Schneeglöckchen
und die das immer Bleibende zur Schau tragen wie die Fichten –
singt dem Herrn!
Die kommen und vergehen wie der Klatschmohn
und die dem Wechsel der Zeiten trotzen wie die Hainbuchen –
singt dem Herrn!
Die unbeachtet zertreten werden wie die Gänseblümchen
und die bei ihrem Fall alles mit sich reißen wie die Eiche –
singt dem Herrn!
Singet dem Herrn ein neues Lied, ihr Männer in den Chefetagen
und ihr Kinder in den Slums!
Die ihr dem Leben mit Fleiß und Glück Erfolg und Anerkennung abgerungen habt
und die ihr selbst der eigenen Mutter zur Last seid –
singt dem Herrn!
Die mit ihrer Unterschrift über Wohl und Wehe von Völkern entscheiden

und die der Willkür jedes kleinen Beamten ausgesetzt sind –
singt dem Herrn!
Die mit ihrem Schweigen den Mut der Mächtigen ins Wanken bringen
und die mit ihrem Schreien niemandes Herz rühren –
singt dem Herrn!
Die Grund zu der Sorge haben, dass die Tür zu Gottes Reich für sie zu eng ist,
und denen die Verheißung gilt, dass ihrer das Himmelreich ist –
singt dem Herrn!

Singet dem Herrn ein neues Lied, halleluja! Denn er hat Wunder getan und tut sie noch, halleluja!
(nach Ps 104)

Gebet

Wir möchten gern zu deiner Ehre beitragen, unser Vater im Himmel, durch unser Bekenntnis, durch unser Singen, durch unser ganzes Leben. Aber oft verschlägt es uns die Sprache, erstirbt der Gesang, versagen wir, wenn es gerade anfängt, ernst zu werden. Es ist immer wieder das alte Lied. Lehre uns das neue Lied singen, das uns auf deine Wunder aufmerksam macht. Hilf uns, wirklich deine Wunder zu besingen und nicht nur die eigene Bewunderung. Und gib, dass die Musik uns deine Wunder entdecken lehrt und wir nicht bei der Bewunderung stehen bleiben. Denen aber, die heute nichts als Dunkel wahrnehmen um sich her, schenke wenigstens die ahnende Hoffnung, dass deine Wunder nur in dieser Dunkelheit verborgen, aber darum nicht minder nahe sind. Durch deinen Sohn, unsern Herrn Jesus Christus.

Psalm

Singet dem Herrn ein neues Lied; denn er tut Wunder!

Es gibt Tage, Herr, da jauchzt meine Seele mit dem Gesang der Vögel in der Morgensonne,
da wird mir das Herz weit über dem unermüdlichen Brausen der Brandung.
Die Worte des Chorals nehmen mich gefangen
und das Lob deines Namens ist mir innerstes Bedürfnis.
Wie ein Echo der Engel klingen die Akkorde der Musik in mir nach
und meine Welt ist durchwärmt vom Strahl deiner Güte.

Singet dem Herrn ein neues Lied; denn er tut Wunder!

Manchmal jedoch, da ist alles stumm in mir, öde und leblos.
Das Gezeter der Vögel geht mir auf die Nerven

und bedrohlich und sinnlos zugleich rollen die Wellen auf den Strand.
Das Lied, das man mich mitzusingen auffordert, klebt mir am Gaumen,
und die Welt um mich her macht mich frösteln.
Die Akkorde der Musik klingen wie das hohle Scheppern der Dosen,
die ein kalter Wind über den Schrottplatz treibt.

Singet dem Herrn ein neues Lied; denn er tut Wunder?

Du hast recht, sagt Gott, du kannst keine Wunder tun.
Die Dunkelheit deiner Seele ist der Ausdruck deiner Ohnmacht,
und deine Sünde ist es, die dir den Mund verschließt.
Dein Leben scheint nicht nur ein Schrottplatz, er ist es wirklich,
und erst wenn der Alkohol dich blind macht, ist dir nach Singen zumut.
Aber meine Gnade hat dich dennoch gefunden, sagt Gott,
und meine Treue ging dir ins Elend nach.
Du brauchst dich nicht an dein Versagen zu klammern
und der Sinn deines Lebens hängt nicht an deinen Erfolgen.
Lass nur das Wunder wahr sein, dass ich dich liebe
und dass du mir recht bist, um meinen Namen zu loben.

Singet dem Herrn ein neues Lied; denn er tut Wunder!

Herr, ich will mich auf nichts anderes berufen als auf dein Wort.
Und ich will die Vögel in der Morgensonne und das Brausen der Brandung,
aber auch das Scheppern der Dosen auf dem Schrottplatz und die Kälte des Windes –
ich will sie alle zu Gehilfen aufrufen, dich zu loben:

Singet dem Herrn ein neues Lied; denn er tut Wunder!
(nach Ps 98)

LIED

Singt, singt dem Herren neue Lieder (EG 286)

LESUNG

Apg 16,23–34 Das befreiende Lied der Gefangenen

LIED

Singt das Lied der Freude über Gott (EG 305)

Impulse zum Weiterdenken

Aufatmen – jeder weiß, was damit gemeint ist, kennt das befreiende Gefühl, das sich da einstellt. Kurz zuvor meinte man noch, keine Luft mehr zu bekommen, die Kehle war wie zugeschnürt. Und dann auf einmal: Aufatmen.

Auch das Singen beginnt mit dem *aufatmen.* Wer einmal in einem Chor mitgesungen hat, weiß, worauf es da ankommt: Nicht aus Angst vor der langen Zeile, die gleich zu singen ist, den Brustkorb mit hochgezogenen Schultern vollpumpen, sondern die Luft ganz locker tief in sich hineinfallen lassen. Singen ist gesund: Für den Körper wie für die Seele. Und für die menschliche Gemeinschaft auch. „Wo man singt, da lass dich ruhig nieder".

„Um Mitternacht aber beteten Paulus und Silas und lobten Gott. Und die Gefangenen hörten sie." Ich weiß gar nicht, worüber ich mich mehr wundern soll: über den Lobgesang der einen oder über das Hören der andern. Das wird ja keine Schützmotette gewesen sein, was Paulus und Silas da in dieser Situation zustandebrachten. Und auf der andern Seite spricht nach meiner Erfahrung alles dafür, dass die übrigen Gefangenen solchen frommen Gesang um Mitternacht mit lautem Protestgebrüll oder höhnischem Gegröle hätten erschlagen müssen. Das Wunder ist also ein doppeltes: Paulus und Silas müssen Worte gefunden haben, die ihre Mitgefangenen aufhorchen ließen. Und deren Aufhorchen mag umgekehrt den Christen Mut gemacht haben, aus einem stammelnden „Mein Gott, mein Gott, warum hast du mich verlassen" (Ps 22,2) vorzudringen zu einem vertrauensvollen „Ich glaube aber doch, dass ich sehen werde die Güte des HERRN im Lande der Lebendigen" (Ps 27,13). Möge Gott geben, dass unser Singen heute, hier und überall, wo jetzt Christen zum Lobgesang versammelt sind – dass es überall diese Wirkung entfalten kann: „und die Gefangenen hörten es"!

LIED

Aus tiefer Not lasst uns zu Gott (EG 144)
oder
Ein Lied hat die Freude sich ausgedacht (EG NB 580)

Fürbitten

Lieber Vater im Himmel, lass uns die befreiende Wirkung unserer Lieder mitnehmen dahin, wo nur geseufzt und geklagt wird, damit überall die Fenster geöffnet werden für deinen guten Geist. Wir bitten dich für alle, die im Gefängnis sind, die Schuldigen wie die Unschuldigen. Lass ihnen Gerechtigkeit widerfahren, Gerechtigkeit, die nicht in Maßstäben der Vergeltung denkt, sondern Wege ebnet zu einem gewaltfreien Zusammenleben. Wir bitten dich für alle, die aus ihrem Leben ein Gefängnis machen, für sich selbst oder für andere. Die in den Fesseln einer Sucht gefangen sind oder in der Zwangsjacke falschen Ehrgeizes. Die ihr Kind nicht loslassen können oder den Partner, der sie verlassen hat. Lass sie neue Lebensinhalte finden, die sie befreien und faszinieren. Wir bitten dich für alle, die sich bemühen, Menschen zu befreien aus den Zwängen ihres sozialen Milieus, aus Unselbständigkeit und Abhängigkeit. Schenke ihnen Geduld und Weisheit und lass sie erfahren, dass dein Wort Wege weist, die wir von uns aus nie finden würden.

Herr, wir danken dir, dass du uns einlädst, dein Lob zu singen. Wir danken dir für alle Musik zu deiner Ehre. Sie öffnet unsere Sinne für dein kommendes Reich.

Rogate

Gott lässt mit sich reden

Eingangswort

Dass es einen besonderen Sonntag im Kirchenjahr gibt, der zum Beten einlädt, mag auf den ersten Blick befremden. Aber wer von Ostern herkommt, versteht, dass uns mit dem Evangelium von der Auferweckung Jesu auch neue Gewissheit geschenkt ist: Unser Beten findet Gehör. „Gelobt sei Gott, der mein Gebet nicht verwirft, noch seine Güte von mir wendet." (Ps 66,20)

LIED

O komm, du Geist der Wahrheit (EG 136)

PSALM

Gelobt sei Gott, der mein Gebet nicht verwirft noch seine Güte von mir wendet.

Ich möchte ihnen gern sagen, Gott, was du mir bedeutest,
ihnen helfen und sie trösten mit dem, was ich erfuhr.
Hört mir zu, möchte ich sagen, hört meine Geschichte,
dann werdet auch ihr Grund und Ziel eures Lebens erkennen.
Nein, wendet euch nicht ab, verschließt nicht euer Herz.
Ich bin ein Mensch wie ihr, nicht Fanatiker, nicht Fantast.
Ich weiß, dass diese Welt voll ist von Schmutz und Schmerzen.
Gleichgültigkeit scheint der einzige Weg, sie zu ertragen.
Aber ich war es satt, mit den Wölfen zu heulen,
Zufall und Schicksal – ihre Freundschaft genügte mir nicht.
Ich suchte Gott, den Gott, von dem Jesus geredet,
dessen Treue beständiger sein soll als Himmel und Erde.
Zu ihm betete ich, breitete aus die Erfahrungen meines Lebens
und stellte sie in das Licht seines Wortes.
Da begannen die Dinge wie von selbst sich zu ordnen,
neue Maßstäbe gab es, zwischen Großem und Kleinem zu scheiden.
Meine Entschlüsse diktiert nun nicht mehr die Angst um den eigenen Vorteil,
auch in Mühe und Leid bleibt das Leben voll Hoffnung.
Darum lasst uns gemeinsam dem danken, der Herr unseres Lebens
und ein Vater ist aller, die seine Liebe ins Sein rief.

Gelobt sei Gott, der mein Gebet nicht verwirft noch seine Güte von mir wendet.
(nach Ps 95)

oder

Kommt, lasst uns anbeten vor dem Herrn, der uns gemacht hat!
Lasst uns mit Danken vor sein Angesicht kommen!

Wie arm sind Menschen, die meinen, sie hätten alles,
und wie bedauernswert die, die keinen bitten mögen!
So oft habe ich viel mehr empfangen, als ich erbeten,
und mancher Geber dankte mir später für meine Frage.
Wie sollte ich solches vergessen vor deinem Angesicht, Gott,
und wie könnte ich dir mit weniger Vertrauen begegnen!
Nicht, dass ich mir beispielhaft vorkomme in meinem Glauben,
und mein Dank soll niemanden demütigen in seinem Mangel.
Lass mich allein achten auf die Verlässlichkeit deiner Güte.
Du freust dich wie der Vater, den der Sohn um Rat fragt.
Wie ganz anders erscheint mein Leben im Licht deines Wortes.
Du ermutigst uns, zu bitten, weil du auf uns wartest.
So viel größer ist deine Gabe als unser Verlangen,
nicht nur die Beter sind es, die du beschenkst.
Gesichter tauchen vor mir auf, die ich fast vergessen,
Menschen, die darauf warten, dass wir für sie sprechen.
Du hast uns ausgesandt, ihnen dein Wort zu bringen,
du rufst uns heim und fragst uns nach ihrer Antwort.

Kommt, lasst uns anbeten vor dem Herrn, der uns gemacht hat!
Lasst uns mit Danken vor sein Angesicht kommen!
(nach Ps 95)

Gebet

Unser Vater, lehre uns beten, wie dein Sohn es uns vorgelebt hat. Lehre uns um Brot bitten, wenn das vorhandene nicht für alle zu reichen scheint. Lehre uns um Vergebung bitten, wenn Menschen nicht wissen, was sie tun. Lehre uns um Hingabe bitten, wenn unser Herz sich ängstigt. Und lehre uns danken, dass deine Gegenwart nicht in der Kraft, auch nicht in der Kraft unseres Glaubens, sondern in der Schwäche erfahren wird, die sich mitnehmen lässt auf den Weg dessen, der mit dir und dem Heiligen Geist lebt und regiert von Ewigkeit zu Ewigkeit.

Lied

Zieh ein zu deinen Toren (EG 133)

Lesung

Lk 11,5–13 Jesus lehrt beten

Lied

Vater unser im Himmelreich (EG 344)

Impulse zum Weiterdenken

„Not lehrt beten", sagt ein Sprichwort. Ich will niemandem bestreiten, dass er diese Erfahrung gemacht hat. Aber ich fürchte, der Satz dient oft, zu oft als bequeme Ausflucht, warum man heute nicht betet. So wie manche meinen, mit dem Seufzer „es geht uns einfach zu gut" die Probleme los zu sein, die daraus erwachsen, dass es uns tatsächlich so gut geht. Das ist doch letzten Endes die gleiche faule Ausrede, mit der Adam sich aus der Affäre ziehen wollte, als Gott ihn wegen der verbotenen Frucht zur Rede stellte: „Das Weib, das du mir zugesellt hast, gab sie mir!" (Gen 3,12) Wollen wir wirklich sagen: „Du hast uns soviel Wohlstand geschenkt, Gott. Da kannst du dich nicht wundern, wenn wir nicht mehr beten!"?

Aber es gibt noch einen anderen Fehler, der mit diesem Sprichwort „Not lehrt beten" heimlich mitgeschleppt wird, nämlich die Meinung: Wenn's drauf ankommt, „bei Bedarf", kann man schon beten. Auch dafür, dass das nicht stimmt, gibt es viele Erfahrungen. Nur sind sie so unangenehm, dass sie ungern weitergegeben und meistens verdrängt werden. Aber das ist so: Wie viele Menschen sind schon in Lebenslagen gekommen, wo sie dringend beten wollten – und konnten nicht. Und wie viele Menschen sind schon ohne den Trost eines Gebets geblieben, weil die, auf die sie gehofft hatten, in dem Augenblick nicht beten konnten!?

„Muss man/kann man beten lernen?" – Jesus war offenbar der Meinung: Beten will gelernt sein. Aber damit ist auch klar: Man kann es auch lernen! Das ist keine Frage der Gene oder irgendeiner religiösen Begabung. Die ersten Christen haben deshalb als zentralen Text in ihre Gottesdienste und Unterweisungen aufgenommen, wie Jesus seine Jünger beten gelehrt hat. Und das „Mustergebet" Jesu, das Vaterunser, ist bis heute fester Bestandteil jedes christlichen Gottesdienstes und jedes persönlichen Gebets.

Die Bibel kennt ursprünglich kein besonderes Verb für „beten". Rufen, sprechen, klagen, schreien, singen, ja, auch schimpfen kann beten sein. Hauptsache, wir „breiten" darin „unsere Erfahrungen aus", im „Licht seines Wortes". Solches beten braucht sich nicht um Erhörung zu sorgen: Gott ist bereits dabei.

LIED

Mein Herz und Geist erheben dich (Text: Detlev Block 1978, Melodie: Herbert Beuerle 1983 EG NB 586)

Fürbitten

Vater unser im Himmel, wir rufen dich an, weil du der Vater aller bist und wir uns wünschen, dass du die Gemeinschaft deiner Kinder erneuerst. Wir bitten dich besonders für die, die sich schwer tun, dich als Vater anzurufen: Weil sie einen Vater erlebt haben, den sie nicht lieben konnten, der ihnen nicht gut tat, zu dem sie keine Beziehung hatten. Lass sie in der Begegnung mit dir neue Geborgenheit und neue Liebe erfahren. Geheiligt werde dein Name. Lass uns dir nicht im Weg stehen, wo du Menschen zurecht bringst. Mach unser Bekenntnis verständlich und glaubwürdig. Dein Reich komme. Falle aller Gewalt in den Arm, unter der Menschen leiden. Dein Wille geschehe. Hilf uns wollen, was du willst, und sagen, was du sagst. Unser täglich Brot gib uns heute. Lass uns zufrieden sein mit dem Lebensnotwendigen, damit genug da ist für die, die hungern. Vergib uns unsere Schuld. Fülle mit deinen Gaben auf, was wir einander schuldig bleiben. Führe uns nicht in Versuchung. Bewahre uns vor Überheblichkeit und Leichtsinn. Erlöse uns von dem Bösem. Schenke uns die Freiheit, dir Recht zu geben und damit den Menschen neben uns Raum zu lassen für ihre Lebensrechte. Denn dein ist das Reich und die Kraft und die Herrlichkeit in Ewigkeit.

Himmelfahrt

Der Himmel ist offen

Eingangswort
Dass uns die Welt offen steht, ist schon viel. Aber seit der Himmelfahrt Christi dürfen wir glauben, dass uns auch der Himmel offen steht. „Christus spricht: Wenn ich erhöht werde von der Erde, so will ich sie alle zu mir ziehen" (Joh 12,32).

LIED

Gen Himmel aufgefahren ist (EG 119)

PSALM

Klatscht in die Hände vor Freude, ihr Völker der Welt, denn die Angst vor der Zukunft ist überwunden.

Vergesst eure Sorgen und Nöte,
die kleinlichen Händel und Streitigkeiten lasst beiseite.
Wir haben einen Herrn, der uns frei macht.
Er zeigt unsern Wegen das Ziel und die Richtung.
Die Satten werden das Hungern lernen,
und die Armen werden reiche Ernte einbringen.
Er schafft den Ausgebeuteten Gerechtigkeit
und Friede den Opfern des Krieges.
Er ist der Herr und kein anderer,
auch die Zweifler werden lernen, mit ihm zu rechnen.
Ein brüchiges Leben kann er heilen,
und wo Mutlosigkeit herrscht, wird Hoffnung einziehen.
Verzweifelte fassen wieder Tritt,
und den Zerschlagenen wächst unerwartete Kraft zu.
Darum:

Klatscht in die Hände vor Freude, ihr Völker der Welt; denn die Angst vor der Zukunft ist überwunden.
(nach Ps 47)

Gebet

Herr Jesus Christus, die Bibel erzählt uns heute von deiner Himmelfahrt. Hilf uns verstehen, dass du uns damit nicht fern gerückt bist, sondern den Abgrund zwischen Himmel und Erde überwunden hast. Jetzt baust du an deinem Reich der Gerechtigkeit und des Friedens nicht mehr im Jenseits, sondern hier mitten unter uns. Lass uns, deine Gemeinde, diese veränderte Lage überall glaubwürdig bezeugen, in alten und in neuen Bildern, damit die Menschen um uns her aufschauen aus ihrer Hoffnungslosigkeit und froh darüber werden, dass du mit dem Vater und dem Heiligen Geist lebst und herrschst von Ewigkeit zu Ewigkeit.

oder

Gebet

Herr, lehre uns den Himmel lieb haben, damit uns die Erde bleibt.

Lehre uns, Himmel und Erde zusammen zu halten: für den Glauben soviel Verstand aufzuwenden wie für das Denken,

für das Beten soviel Kraft wie für das Tun, für die Kirche soviel Einsatz wie für das Vergnügen und für das tägliche Leben in der Woche soviel Zeugnis von dir wie im Gottesdienst am Sonntag.

Lehre uns, die Erde aus der Perspektive des Himmels zu sehen: die Ärmlichkeit unseres Wohlstandes, die Unermüdlichkeit selbstloser Hilfe, das leere Stroh frommer Sprüche, die stille Geduld des einsam Leidenden.

Lehre uns die Menschen mit deinen Augen zu sehen, mit Augen, die nicht nur fotografieren, was ist, sondern entdecken, was möglich ist, die nicht nur anstarren, sondern in Bewegung bringen, die nicht nur nachschauen, sondern vorausblicken.

Herr, lehre uns den Himmel lieb haben, damit uns die Erde bleibt.

LIED

Ein Lied hat die Freude sich ausgedacht (EG NB 580)

LESUNG

Apg 1,3–4(5–7)8–11 Christi Himmelfahrt

LIED

Jesus Christus herrscht als König (EG 123)

Impulse zum Weiterdenken

Es gibt durch Christi Himmelfahrt ein oben und unten in unserer Welt, Wesentlich und Unwesentlich, ein verbindlich und unverbindlich. Unsere Welt ist also tatsächlich durch die Himmelfahrt Christi entscheidend anders geworden: Nicht mehr das Chaos von Behauptungen, Parolen, Ideologien, dem wir hilflos gegenüberstehen, ohne entscheiden zu können, wo die Wahrheit liegt. Nicht mehr der Ort, an dem ein finsteres Schicksal zuschlägt, dem wir nur ohnmächtig und ratlos zuschauen können. Unser Wert und Unwert beläuft sich nicht mehr danach, wie wir bei den Leuten anerkannt und zur Kenntnis genommen werden. Durch die Himmelfahrt Christi gibt es ein klares oben und unten.

Allerdings: Durch die Himmelfahrt Christi! Es ist nicht so, dass wir diese Umwertung aller Werte auch ohne Christus wahrnehmen könnten, dass gleichsam von einem bestimmten Tage an neue Maßstäbe in der Welt aufgekommen wären. „Suchet, was droben ist, da Christus ist!“(Kol 3,1) Nur vor ihm und durch ihn ordnet sich das chaotische Durcheinander dieser Welt in ein klares oben und unten.

In der DDR der 70er Jahre sorgte damals das Gedicht eines Arbeiters für Aufsehen: „Ich glaube, sagt der Christ, der Himmel ist Gottes und Stätte des ewigen Lebens. Ich weiß, sagt der Atheist, der Himmel ist unser und offen dem herrschenden Menschen. Ihr mögt, sagt der Kommunist, über den Himmel verschiedener Ansicht sein; doch sorget gemeinsam, dass die Erde nicht werde zur Hölle.“ Wir sollten nicht erschrecken, sondern wir sollten mutig und zuversichtlich werden angesichts der gewaltigen Aufgabe, die uns durch Himmelfahrt gestellt ist. Denn sie ist uns ja nicht darum gegeben, weil wir Christen in so besonderer Weise das Zeug dazu hätten. Sondern allein darum, weil es Gott gefallen hat, durch sein Mensch-gewordenes Wort diese Welt neu zu machen. Aber so hat es ihm nun gefallen. Und nun liegt die Entscheidung zwischen Tod und Leben, zwischen Himmel und Hölle tatsächlich in den Worten, die wir reden, in dem Zeugnis, das wir alle miteinander der Welt von Jesus Christus geben.

Wir werden uns freilich hüten müssen, aus dieser Verantwortung einen falschen Anspruch abzuleiten. Die Kirche des Evangeliums ist nicht Heilsanstalt, nicht Mittlerin zwischen Gott und der Welt. Wir unternehmen nicht von uns aus den allerdings wahnsinnigen und hoffnungslosen Versuch, die Welt zu erneuern. Sondern wir sind nur das Wasser, das der Auferstandene ausgießt und durch das er dieser sterbenden Welt die lebensbringenden Nährstoffe zuführt.

Darum ist Himmelfahrt wirklich ein Freudenfest. Denn von hier aus bekommt unser Tun in der Welt Zuversicht und Kraft. Es ist seine Auferstehung, die er in unsere Hände gelegt hat, damit wir sie der Welt bringen. Das ist das eigentliche Wunder der Himmelfahrt!

LIED

Wo ein Mensch Vertrauen gibt (Melodie: Fritz Baltruweit, 1977. Originaltext (Str. 1.2.7): Hans-Jürgen Netz 1975 EG NB604. Zusatzstrophen (3–6, 8–10), Klaus v. Mering, 1985, veröffentlicht in Gottesdienstpraxis A I,4, hg. von Erhard Domay, Gütersloh 1997, S. 15)

Fürbitten

Wir danken dir, Gott, dass du unserer Welt durch die Himmelfahrt Jesu Christi einen Bezugspunkt gegeben hast, der uns deine Maßstäbe vor Augen führt. Wir bitten dich für dein Kirche: Lass sie nicht auf ihre eigene Kraft setzen, sondern auf deine Macht vertrauen. Lass sie sich mutig allen entgegenstellen, die ein anderes oben und unten propagieren als das, das du durch Jesus Christus ins Werk gesetzt hast. Wehre allen Mächten, die auf Unterdrückung und Zerstörung aus sind. Lass diejenigen, die durch politische Ämter oder Aufgaben in Wissenschaft, Verwaltung und Wirtschaft Verantwortung tragen für das Wohl und Wehe der Völker, dieser Verantwortung gerecht werden und stärke die, die sie mutig und mit Sachverstand immer wieder daran erinnern. Wir bitten dich für alle, denen der Himmel verschlossen scheint, die auf Antwort auf ihre Fragen warten, auf Licht in ihrer Finsternis, auf neue Hoffnung in ihrer Aussichtslosigkeit. Dir sei Ehre in Ewigkeit.

Exaudi

Die richtige Richtung

Eingangswort

Dass uns die Welt offen steht, ist schon viel. Aber seit der Himmelfahrt Christi dürfen wir glauben, dass uns auch der Himmel offen steht. „Christus spricht: Wenn ich erhöht werde von der Erde, so will ich sie alle zu mir ziehen“ (Joh 12,32).

LIED

Heilger Geist du Tröster mein (EG 128)

PSALM

Herr, höre meine Stimme, wenn ich nach dir rufe. Lass uns bei dir ein Ohr finden für die Ängste, die uns umtreiben.

Du bist das Licht, ohne dich ist es finster,
in meinem Kopf wie auf meinem Weg.
Du bist mein Heil; ohne dich bin ich krank und zerschlagen,
in meiner Seele wie in meinen Beziehungen.
Aber nichts und niemand macht mir Angst,
wenn ich deiner Nähe gewiss bin.
Lass mich nicht ohne Antwort, Herr,
wenn ich nach dir rufe.
Du selbst hast gesagt: Ihr sollt mein Antlitz suchen!
Darauf berufe ich mich heute, das halte ich dir jetzt vor.
Du darfst dich jetzt nicht vor mir verbergen,
du kannst nicht auf deinem Zorn beharren.
Wer soll mir denn helfen, wenn du es nicht tust ?
Geh dazwischen, wenn die Sorgen dieser Welt so hoch wuchern,
dass sie uns den Blick auf deine Güte verstellen.
Leg mir die Hand auf die Schulter,
wenn ich mich in falsche Ziele verrannt habe.
Und wenn du es für nötig hältst,
dass wir wieder lernen, auf dich zu warten,
dann gib uns das tägliche Brot der Geduld
und den Schluck frischen Wassers,
der uns den Durst aushalten lässt.

Herr, höre meine Stimme, wenn ich nach dir rufe. Lass uns bei dir ein Ohr finden für die Ängste, die uns umtreiben.
(nach Ps 27)

Gebet

Herr Jesus Christus, Gott hat niemand anderen als dich zu seiner rechten Hand gemacht. Wir bitten dich: Halte uns fest bei diesem Glauben. So vieles um uns her predigt deine Niederlage. Schenke uns deinen Geist, der uns die Wahrheit sagt. Lass uns nicht ohne deine Gegenwart, der du mit dem Vater in der Einheit des Heiligen Geistes lebst und regierst in Ewigkeit.

LIED

Du bist, Herr, mein Licht und meine Freiheit (Text: Kurt Rose 1983, Melodie: nordisches Volkslied EG NB 575)

LESUNG

Jer 31,31–34 Gottes neuer Bund

LIED

Zieh an die Macht, du Arm des Herrn (EG 377)

Impulse zum Weiterdenken

Lebendig sein heißt : Hoffnung haben. Zwischen Leben und Hoffen besteht ein innerer Zusammenhang. Wenn ich gelegentlich einmal sehr niedergeschlagen bin und nur noch schwarz sehe, dann hilft es mir, mich daran zu erinnern: Allein die Tatsache, dass du noch am Leben bist, zeigt, dass es Hoffnung gibt. Dass du alles schwarz siehst, kann nur heißen, dass du nicht alles siehst, dass du etwas übersiehst. Wenn es wirklich keine Hoffnung gäbe, wärst du schon tot.

Sie denken jetzt vielleicht bei sich: Eine ziemlich kindliche Form der Selbsttherapie. Und haben damit wahrscheinlich recht. Aber der Grundgedanke dieser „Selbstbelehrung“ enthält eine tiefe Wahrheit und ist deshalb von enormem Gewicht. Lebendig sein heißt Hoffnung haben. Wir spüren das in manchen Situationen fast körperlich, vor allem da, wo Leben nicht selbstverständlich aussieht: Bei der Geburt eines Kindes z.B. oder bei schwerer Krankheit. Lebendig sein heißt Hoffnung haben.

Aus diesem Glauben, aus dieser Hoffnung heraus schreibt Jeremia vom „neuen Bund“. Er hat in seinem Prophetenleben zwei ganz verschiedene Formen von Orientierungslosigkeit erlebt: Not und Angst, die keinen Ausweg sieht. Und Überfluss, der alles gleich gültig erscheinen lässt und in die Gleichgültigkeit treibt. Aber die Gesichter der Hoffnungslosigkeit, die daraus erwachsen, sehen aus wie eineiige Zwillinge. Aus beider Augen spricht der grundsätzliche Zweifel: Sind die Sätze, die bisher die Wahrheit meines Lebens und Glaubens umschrieben haben, überhaupt noch tauglich? Muss nicht Gott selber ganz neu ansetzen, gerade wenn er der bleiben soll, der er war und ist?

Wir merken: Was im Neuen Testament von Jesus erzählt wird, liegt genau auf dieser Linie. Gott schafft einen Menschen, der Jeremias Verheißung entspricht, der mühelos glauben, lieben, hoffen kann. Die ohnmächtig zitternde Frage des Propheten: wann kommt endlich die Zeit, da wir Menschen aufhören dürfen, unter uns selbst zu leiden? wird beantwortet durch das Kommen Jesu Christi. ‚Seht, der Mensch!' sagte Pilatus – und wusste nicht, in welchem Ausmaß er damit Recht hatte.

LIED

Christus, das Licht der Welt (EG 410)
oder
Bewahre uns, Gott, behüte uns, Gott (EG 171)

Fürbitten

Gott, deine Güte reicht, so weit der Himmel ist – wie ein großes Dach schützt mich deine Liebe und Fürsorge. Wir bitten dich: Lass diese Erfahrung auch die machen, die einen Menschen oder eine Hoffnung unwiederbringlich verloren haben. Schenke solche Geborgenheit auch denen, die kein Dach über dem Kopf haben, die auf der Flucht sind, die nicht wissen, wie sie den morgigen Tag überleben werden. Lass auch die unter deinem Schutz zur Ruhe kommen, die gejagt sind von ihren eigenen Gedanken, von Forderungen, die sie selbst an sich richten, von Ängsten, die sie sich selbst nicht erklären können. Wir denken an die, die sich nicht freuen können an deiner Güte, weil sie dich verloren haben, weil sie fixiert sind auf das, was sie sich nicht leisten können, weil ihnen ihr Lebensglück keine Freude macht. Guter Gott, unter dem großen Dach deiner Güte sind so viele, die es nötig haben, dass du noch einmal ein eigenes Dach nur für sie aufbaust, weil sie deine Güte sonst nicht finden. Lass uns die 99 Schafe sein, die du in der Wüste allein lässt, um das eine verlorene zu finden (Lk 15,4).

Pfingstsonntag

Komm, Heiliger Geist

Eingangswort

Zu Pfingsten reden wir über die Energie des Glaubens. Wenn Gott seinen Geist ausgießt, dann wird das spürbar in der Schubkraft, die der Glaube des einzelnen Menschen dadurch erfährt. „Es soll nicht durch Heer oder Kraft, sondern durch meinen Geist geschehen, spricht der Herr Zebaoth“ (Sach 4,6).

Lied

Komm, o komm, du Geist des Lebens (EG 134)

Psalm

Ich will ihnen ein anderes Herz geben, spricht der Herr, einen neuen Geist will ich ihnen verleihen.

Wir haben es weit gebracht, Herr.
Eine Weile schien es, als gäbe es für den Menschen keine Grenze mehr.
Unsere Flugzeuge durchstoßen die Schallmauer,
unsere Raketen lassen die Atmosphäre der Erde hinter sich.
Wir pflanzen den Menschen künstliche Organe ein und steuern die Prozesse werdenden Lebens.
Aber die Tür zu einem gleichgültigen Herzen können wir nicht durchstoßen,
und den Hass einer verwundeten Seele können wir nicht steuern.
Während die großen um Atombomben feilschen
wie um ein paar Feldsteine,
stehen sie ratlos vor einer Handvoll Terroristen in …
Während die Mediziner unser Leben um Jahre verlängern,
bleibt die Frage des lebensmüden Mädchens ohne Antwort.
Der Turm, den wir bauen, sollte bis an den Himmel reichen,
aber jetzt reicht er nicht einmal, um in Frieden darin zu wohnen.
Wenn deine Güte nicht vom Himmel bis zur Erde reichte, Herr, wir wären verloren.
Deshalb suchen wir Zuflucht in der Baracke deiner Menschwerdung
und trinken von dem Quellwasser deines Wortes.

Ich will ihnen ein anderes Herz geben, spricht der Herr, einen neuen Geist will ich ihnen verleihen.
(nach Ps 118)

oder

PSALM

Ich will Ihnen ein anderes Herz geben, spricht der Herr, einen neuen Geist will ich ihnen verleihen.

Wir wissen nicht, was wir mehr fürchten, Gott:
Dass alles so weitergeht in seiner unheimlichen Selbstverständlichkeit
und eins greift ins andere
und aus dem harmlosen Rinnsal wird plötzlich ein reißender Strom –
oder dass plötzlich alles stillsteht und sich nichts mehr bewegen lässt
und niemand ist da, der helfen kann.
Fürchten wir mehr die Geister, die wir riefen
und nun nicht mehr los werden
oder fürchten wir, dass dein Geist tatsächlich über uns hereinbricht
und alles durcheinander wirbelt, was wir für gute Ordnung hielten?
Mach, dass wir loskommen von unsern Sicherungen und von unsern Ängsten.
Öffne wie damals in Jerusalem die Türen, hinter denen wir uns ducken
und stell unsre Füße auf den weiten Raum deiner Gegenwart.
Gib unsern Plänen neue offene Horizonte
und unsern Herzen große mutige Ziele.
Lehre uns die neue Sprache des Vertrauens,
in der du nicht hinter unsern Worten bist, sondern vor ihnen.
Du wartest nicht auf die eingebläuten Bekenntnisse,
mit denen wir uns von einander abgrenzen,
sondern auf das Stammeln unserer mühsamen Brückenschläge,
mit dem wir deinen Namen erhöhen.
Darum mach wahr, was Du verheißen hast:

Ich will Ihnen ein anderes Herz geben, spricht der Herr, einen neuen Geist will ich ihnen verleihen.
(nach Ps 100)

Gebet

Herr Gott, Heiliger Geist! Geistlos bleibt all unser Bemühen um menschenwürdige Verhältnisse ohne deine Gegenwart. Der Ungeist unserer selbstsüchtigen Pläne und unserer trägen Gewissen greift wie eine ansteckende Krankheit um sich, wenn du ihm nicht entgegen trittst. Darum: Komm, Heiliger Geist, kehr bei uns ein! Der Verwirrung der Geister ist auch in der Kirche nicht zu wehren ohne deine Vollmacht. Geistliches und Weltliches brechen auseinander, wenn du es nicht zusammenhältst. Darum: Komm, Heiliger Geist, kehr bei uns ein! Durch unsere Zukunftsgedanken geistert die Angst, wenn du uns nicht Mut machst. Und die Geistesgegenwart, von der die Liebe zum Nächsten lebt, kann nur aus der Kraft deiner Nähe fließen. Darum: Komm, Heiliger Geist, kehr bei uns ein durch unsern Herrn Jesus Christus.

LIED

Komm, Heiliger Geist, Herre Gott (EG 125)

LESUNG

Apg 2,1–18 Die Ausgießung des Heiligen Geistes in Jerusalem

LIED

Unser Leben sei ein Fest (Text: Str. 1 Josef Metternich Team 1972; Str. 2 Kurt Rose 1981, Melodie: Peter Janssens 1972, EG NB 557)

Impulse zum Weiterdenken

Ein anderes Herz, ein fleischernes statt ein steinernes, das war Gottes Verheißung (Ez 11,19). Soviel Veränderung von innen her ist nötig, das heißt Pfingsten.

Die Jünger erleben miteinander etwas, das nicht nur ihre Herzen öffnet, sondern auch ihre Türen. Sie erleben es wie einen Sturm, der das schützende Dach ihrer Vorsichtsmaßnahmen abdeckt, und wie ein Feuer, das aus dem Licht, das ihnen aufgegangen ist, alsbald einen Flächenbrand werden lässt. Zufall oder nicht, dass das gerade beim jüdischen Erntefest geschieht, aus dessen Anlass sich viele Pilger in Jerusalem aufhalten. Jedenfalls ist es, als sei ein Knoten geplatzt, mit einem Mal sind die Jesusjünger mit allen möglichen Menschen im Gespräch und der Funke: der Herr ist auferstanden! springt über. Aus Jesusverehrern sind Christen geworden, die wissen: Das Evangelium muss in die Welt. Dass Gott in Jesus auf die Erde kam, das ist nicht nur eine Botschaft zum Schmusen und sich dran wärmen, das will diese Welt durchdringen und verändern. Gott hat definitiv erklärt: Er steht nicht nur zu seiner Schöpfung, weil er sie liebt, trotz allem; er identifiziert sich mit ihr. Und es ist die Sache der Christen, dies deutlich zu machen.

Petrus tritt mit den übrigen Aposteln aus der Schar der Begeisterten heraus, um zu predigen. „Diese da“, sagt er von ihnen, als stünde er ihnen gegenüber. Er hält es für nötig, in verständlichen Worten von diesem Geist Gottes zu predigen. Und als die Menschen, die ihm zuhören, ihn am Ende betroffen fragen: „Was sollen wir tun!“ antwortet er nicht: Kommt, feiert einfach mit! Lasst euch mitreißen von dieser Begeisterung, löst euch von allen Fesseln der Vernunft und der Selbstkontrolle! Sondern er sagt: „Tut Buße und jeder von euch lasse sich taufen auf den Namen Jesu zur Vergebung eurer Sünden, so werdet ihr empfangen die Gabe des Heiligen Geistes“ (V38).

Ausgießung des Heiligen Geistes – immer wieder höre und lese ich, wie Leute lamentieren, das wäre so schwer anschaulich zu machen, die Menschen wüssten nicht, was Pfingsten bedeutet. Ja Kunststück! Solange man das Wasser in der Gießkanne herumträgt, vielleicht in einer gläsernen oder gar in einer goldenen auf ein Podest stellt, kann man das wunderschön ‚anschaulich machen‘. Aber wenn man es ausgießt dahin, wo es hin soll, an die Pflanzen, dann kann man nur noch von diesen Pflanzen reden und davon, ob sie gedeihen und blühen und Frucht tragen.

Vielleicht ist das Handy ein brauchbareres Bild: Wir haben überall die Möglichkeit, Gott anzurufen. Und wir müssen auch immer und überall damit rechnen, dass es plötzlich bei uns piept, weil Gott sich zu Wort meldet – (einschließlich des Problems, das wir heute alle kennen: Ist das jetzt mein Handy? Bin ich gemeint?) Aber wir haben damit keine Garantie in der Tasche, dass wir immer und überall mit Gott Verbindung bekommen. Es gibt Zeiten, da schweigt Gott – gegenüber einem Menschen, manchmal auch gegenüber einer ganzen Gesellschaft.

Um so wichtiger ist die Gemeinde, ist die Kirche, in die wir getauft sind. Sie hilft uns, solche Phasen auszuhalten und darin nicht die Orientierung zu verlieren. Und sie hilft uns, uns immer neu klar zu machen, dass wir den Glauben nicht nur bekommen haben, um uns zu erbauen, sondern auch die Gemeinde, und d.h. die Menschen zur Gemeinschaft. Ausgießung des heiligen Geistes – wir brauchen keine Angst zu haben, dass er sich im Sande verläuft. Aber ein Spaßbad draus zu machen, damit dürfen wir uns auch nicht zufrieden geben. Gott will in die Welt.

LIED

Zieh ein zu deinen Toren (EG 133)

Fürbitten

Lasst uns Gott um seinen guten Geist anrufen und miteinander sprechen: Komm, Heiliger Geist! Statt weniger, geben die Regierungen der Welt nach dem Fall des eisernen Vorhangs immer mehr für Rüstung aus, Rüstung, die den Frieden nicht sicherer macht, sondern gefährdet. Wir rufen miteinander: Komm, Heiliger Geist. Bürgerkriege und Katastrophen lassen immer mehr Menschen auf der Welt hungern. Aber die Etats für Entwicklung stagnieren oder gehen sogar zurück. Wir rufen miteinander: Komm, Heiliger Geist! Konzerne wachsen, Staaten tun sich zusammen, die großen Herausforderungen verlangen gemeinsames Handeln. Aber die Zahl der Menschen wächst, die Fremde verunglimpfen und verfolgen. Wir rufen miteinander: Komm, Heiliger Geist! Gottes gute Schöpfung ist bedroht, Pflanzen und Tiere sterben, ganze Landstriche versteppen. Alle reden von der Klimakatastrophe. Aber wenn es ums private Portemonnaie geht, verweigern viel ihre Mithilfe. Wir rufen miteinander: Komm, Heiliger Geist! Christen verschiedener Konfessionen treffen sich zu gemeinsamen Gesprächen und arbeiten in ökumenischen Aktionen zusammen. Aber wenn es darum geht, zusammen Gottesdienst zu feiern oder gemeinsam Kirchen und Einrichtungen zu nutzen, geht das vielen zu weit. Wir rufen miteinander: Komm, Heiliger Geist! Komm, Heiliger Geist, wir brauchen deine Energie, damit unser Glaube mutig genug ist, zu tun, was dein Wort uns sagt. Nimm uns in deinen Dienst.

Pfingstmontag

Begabt und begeistert

Eingangswort

Pfingsten will etwas bei uns in Bewegung setzen. Aber wie? „Es soll nicht durch Heer oder Kraft, sondern durch meinen Geist geschehen, spricht der Herr Zebaoth", lautet das biblische Leitwort. (Sach 4,6).

LIED

O Heilger Geist, kehr bei uns ein (EG 130)

PSALM

Gott ist Geist, und die ihn anbeten, die müssen ihn im Geist und in der Wahrheit anbeten.

Jauchzet dem Herrn, alle Lande! Dienet dem Herrn mit Freuden!
Für uns ist das meistens zweierlei, Herr,
das Jauchzen und das Dienen, das Fröhlichsein und das Helfen.
Wir meinen, wir können uns nur freuen, solange sich alles um uns dreht.
Wenn es um den andern geht, dann erscheint uns das Arbeit, Mühe, Verzicht.
Jauchzet dem Herrn alle Lande! Dienet dem Herrn mit Freuden!
Du siehst zu sehr auf deine Freude und deinen Dienst, sagt Gott.
Darum zerbricht dir deine Welt in Arbeit und Freizeit, in Mühsal und Vergnügen.
Schau auf mich, bring mir deine Freude, sagt Gott,
vergiss nicht, dass ich es bin, der dich in jedem Menschen um Hilfe bittet!
Erkennet, dass der Herr Gott ist!
Er hat uns gemacht – und nicht wir selbst – zu seinem Volk und zu Schafen seiner Weide.
Das ist es ja, Herr, was uns oft nicht gelingt:
Dich zu entdecken in unserer Freude und in unserm Dienst.
Wenn wir wüssten, dass es wirklich um dich ginge, dann wäre alles viel leichter.
Erkennet, dass der Herr Gott ist!
Er hat uns gemacht – und nicht wir selbst – zu seinem Volk und zu Schafen seiner Weide.

Du suchst mich immer als den strahlenden Weltenherrscher, sagt Gott;
du wirst mich aber nur finden in der armen Gestalt des Jesus aus Nazareth.
Du meinst immer, Christsein müsste verbunden sein mit dem Gefühl der Überlegenheit, sagt Gott; du vergisst, dass du zu meinem Volk allein durch den gehörst, der der Welt unterlegen ist am Kreuz.
Danket ihm, lobet seinen Namen!
Denn der Herr ist freundlich, und seine Gnade währet ewig.
Herr, lehre uns dankbar sein für das, was du uns getan hast!
Hilf, dass wir dich da suchen, wo du zu finden bist.
Dann entdecken wir den Gott,
der uns von allen Seiten mit seinen großen Händen umschließt.
Danket ihm, lobet seinen Namen!
Denn der Herr ist freundlich, und seine Gnade währet ewig.
Danken heißt fröhlich sein und dienen, sagt Gott.
Frage deine Fröhlichkeit, ob sie jemandem dient.
Und Frage deinen Dienst, ob er jemanden fröhlich macht, sagt Gott.
Dann ist beides richtig

Gott ist Geist, und die ihn anbeten, die müssen ihn im Geist und in der Wahrheit anbeten.
(nach Ps 100)

Gebet

Vater vom Himmel her: Gib uns den Geist der Wahrheit und des Friedens. Ohne deinen Geist kennen wir nur eine Wahrheit, die weh tut, oder einen faulen Frieden, der jedem und darum niemandem recht gibt. Nur in deinem Geist gibt es das miteinander: Wahrheit und Frieden. Gib uns diesen Geist, damit wir erkennen, was du wirklich willst, durch unsern Herrn Jesus Christus, der mit dir und dem Heiligen Geist lebt und regiert in alle Ewigkeit.

LIED
Jauchz, Erd und Himmel, juble hell (EG 127)

LESUNG
Gen 11,1–9 Der Turmbau zu Babel

LIED
O komm, du Geist der Wahrheit (EG 136)

Impulse zum Weiterdenken

In der Geschichte vom Turmbau findet das Nachsinnen vieler Generationen über die Zerspaltenheit der Welt ihren Niederschlag. Auch uns ist diese Erfahrung nicht fremd, man braucht dazu nicht erst einem Ausländer begegnet zu sein. Die Hilflosigkeit gegenüber einer anderen Sprache ist ja sogar noch harmlos angesichts der Erfahrung, dass man einander in ein und derselben Sprache nicht versteht, dass man aneinander vorbei redet, dass die gleichen Worte jeweils etwas anderes meinen oder dass man den Verdacht nicht los wird, der andere meint gar nicht, was er sagt.

Wer selbst solche Erfahrungen gemacht hat, weiß, wie groß die Versuchung ist, zu resignieren und dieses gegenseitige Unverständnis als eine gegebene Tatsache hinzunehmen. Wie viele Gespräche haben unter uns aus dieser Resignation aufgehört: Zwischen Jungen und Alten, zwischen Kollegen und Nachbarn. Aber auch mitten unter uns in der Gemeinde. „Vergiss nicht, dass ich es bin, der dich in jedem Menschen um Hilfe bittet!" Das fällt schwer, wenn es keine gemeinsame Sprache mehr gibt.

Woher kommt dieses Missverstehen? Die Bibel sagt: Seine tiefste Wurzel ist die Angst des Menschen um sich selbst: Lasst uns einen Turm bauen, dessen Spitze bis an den Himmel reiche, damit wir uns einen Namen machen, dann wir werden sonst zerstreut in alle Länder. Die Angst des Menschen um sich selbst, die Angst, sich selbst zu verlieren treibt ihn, sich einen Namen zu machen und dazu braucht er einen Turm, der bis an den Himmel reicht, der sozusagen den Himmel auf die Erde bringt, der Gott überflüssig macht. Leistung und Selbstbestätigung sollen die untergründige Angst bannen. Die Angst ist der heimliche Motor der Manipulation – und die Manipulation erzeugt selbst neue Angst. Wer die Entwicklung unserer Welt heute mit offenen Augen verfolgt, weiß, dass die Frage, ob dieser Teufelskreis zu durchbrechen ist, die Frage unserer Gegenwart und Zukunft ist.

Der neue Geist, der durch Jesus in die Welt kam, ist ein Geist der Freiheit (2Kor 3,17). In dieser Freiheit wird die Angst überwunden. Die neue Begeisterung der Jünger ist darum grundsätzlich nicht gegen den Verdacht geschützt: ‚Sie sind voll süßen Weins'. Aus sicherem Abstand lässt sich das bezeichnenderweise nicht unterscheiden. Man muss sich schon selbst mit hineinbegeben, um ein sachgemäßes Urteil zu fällen.

Dieser neue Geist ist in seiner Wirksamkeit nicht aufzuhalten, weil er die babylonische Manipulation von innen her aufrollt. Nachdem der Hl Geist unter den Jüngern die Angst um sich selbst überwunden hat, braucht ihr Ziel nicht mehr zu lauten, sich einen Namen zu machen, sondern allein den einen Namen zu predigen und in diesem Namen zu handeln. Und indem sie das tun, bauen sie nicht mehr den Turm, sondern – Brücken: Brücken zwischen Juden und Griechen, zwischen Frommen und Heiden, zwischen Israeliten und Römern.

Lied

Herr, gib mir Mut zum Brückenbauen (Text: Kurt Rommel 1963, Melodie: Paul Gerhard Walter 1987, EG NB 612)

Fürbitten

Gott aller Völker, Heiliger Geist, wir sehnen uns nach dir, wir sehnen uns nach Verständigung und nach Freiheit, nach Überwindung unserer Angst um uns selbst. Komm in unsere Mitte! Überall auf der Erde stehen sich Menschen feindlich gegenüber, verfolgen sich, unterdrücken sich, schlagen sich, und das nur, weil sie nicht vernünftig miteinander sprechen können. Komm in unsere Mitte, Heiliger Geist! Überall auf der Erde fangen Menschen an, miteinander zu reden, miteinander zu beten, miteinander zu fragen, was anderen fehlt. Ermutige sie und stärke ihre Gemeinschaft. Komm in unsre Mitte! Du kannst steinerne Herzen verwandeln, dass sie anfangen zu fühlen und für andere zu schlagen, dass sie sich danach sehnen, dein Lob zu singen und dir zu dienen, damit dein Friede bei uns Einzug hält. Komm, Heiliger Geist, nimm unsere Herzen in deinen Dienst.

Register der bearbeiteten Psalmen

107	4. Sonntag nach Epiph.	Staunen	41f
107	*7. Sonntag nach Trin.*	*Feiern und teilen*	*Band 2*
111	Gründonnerstag	Gott teilt sich mit	67
112	*13. Sonntag nach Trin.*	*Selig die Barmgherzigen*	*Band 2*
112	*13. Sonntag nach Trin.*	*Lieben ohne Berechnung*	*Band 2*
112	*13. Sonntag nach Trin.*	*Die Fülle seines Erbarmens*	*Band 2*
112	*13. Sonntag nach Trin.*	*Die Angst des Ängstlichen verstehen*	*Band 2*
113	*11. Sonntag nach Trin.*	*Menschlich*	*Band 2*
113	*11. Sonntag nach Trin.*	*Wer ist wie Gott?*	*Band 2*
116	Quasimodogeniti	Wie neu geboren	76
117	*11. Sonntag nach Trin.*	*Farbenblind*	*Band 2*
118	Osternacht	Ausgelassene Freude	71
118	Ostersonntag	Stärker als der Tod	72f
118	Ostermontag	Aufstehen zum Leben	74f
118	Pfingstsonntag	Komm, Heiliger Geist	93f
119	Sexagesimä	Die Kraft des Wortes	49
119	*Familiengottesdienst*	*Ohren, die hören*	*Band 2*
119	*20. Sonntag nach Trin.*	*Maß-Stäbe*	*Band 2*
121	Silvester	Gott wird nicht müde	24
126	*Ewigkeitssonntag*	*Himmel und Erde - neu*	*Band 2*
127	*15. Sonntag nach Trin.*	*Glauben, nicht hoch rechnen*	*Band 2*
130	*Buß- u. Bettag*	*Das Recht, ein anderer zu werden*	*Band 2*
138	Sonntag nach Neujahr	Der Mantel der Liebe	29
139	*6. Sonntag nach Trin.*	*Fürchte dich nicht*	*Band 2*
139	*6. Sonntag nach Trin.*	*Bergende Wärme*	*Band 2*
139	*6. Sonntag nach Trin.*	*Strahlende Wiedersehensfreude*	*Band 2*
143	*22. Sonntag nach Trin.*	*Versagen und vergeben*	*Band 2*
143	*22. Sonntag nach Trin.*	*Gottes Treue*	*Band 2*
145	*Trinitatis*	*Alles in allem Gott*	*Band 2*
146	*14. Sonntag nach Trin.*	*Gott sei Dank*	*Band 2*
147	*12. Sonntag nach Trin.*	*Heil werden und heil machen*	*Band 2*
147	*12. Sonntag nach Trin.*	*Lichtblick*	*Band 2*
keine bibl. Vorlage	*Familiengottesdienst mit Taufgedächtnis*	*Fürchte dich nicht*	*Band 2*
keine bibl. Vorlage	*Angst und Vertrauen*	*Werft euer Vertrauen nicht weg*	*Band 2*
keine bibl. Vorlage	*Familiengottesdienst*	*Du bist das Schiff, das uns trägt*	*Band 2*

Schlagwortregister zu den Psalmmeditationen

Verzeichnis der zitierten Bibeltexte

Bibel nach rev. Luther

Stichwortregister